SARA IANNONE

I0029953

15 METODI PER GUADAGNARE

ONLINE

Dalle Affiliazioni al Pay per Click e Pay to Click, dai Sondaggi ai Mlm, da Youtube a eBay, dall'Email Marketing alla Vendita di Domini

Titolo

"15 METODI PER GUADAGNARE ONLINE"

Autore

Sara Iannone

Editore

Bruno Editore

Sito internet

http://www.brunoeditore.it

Sommario

Introduzione

Se hai acquistato questo ebook, molto probabilmente questo di seguito è il tuo più grande dubbio: **«Ma come faccio a guadagnare con internet?»**

Sembra che nessuno voglia darti una risposta ben precisa, non è così? Ci sono persone che ti dicono che per guadagnare online hai bisogno di tanti soldi da investire in pubblicità. Altri ancora ti dicono che devi avere prodotti tuoi da vendere, mentre altri affermano esattamente il contrario, ossia che per guadagnare online devi rivendere prodotti di altre persone sfruttando le affiliazioni presenti sul web. Poi c'è chi ti consiglia di usare programmi pubblicitari come Google AdSense, chi ti dice che devi aprire un blog professionale, e infine c'è anche chi afferma che sia proprio impossibile guadagnare con internet.

Andiamo per gradi, ma partiamo proprio da quest'ultima affermazione. **È davvero impossibile guadagnare con internet?**

Ci sono persone che vogliono tenere nascoste alcune cose?

Nessuno vuole tenerti nascosto niente, sia ben chiaro. Il guadagno online esiste eccome, semplicemente non è così facile da raggiungere come molti invece vogliono farti credere. Esistono davvero tante strade per arrivare a dei guadagni attraverso internet, ma bisogna sfruttarle a dovere, senza fare troppa confusione, e soprattutto si deve partire con il piede giusto, meglio se investendo prima qualche euro nella propria **formazione**.

Questo ebook nasce proprio con l'intenzione di chiarirti una volta per tutte le idee sul mondo del guadagno online. Avremo modo di parlare di diversi business, ti dirò pregi e difetti di ognuno di essi. Starà poi a te decidere quale business affrontare, quale di questi è adatto alle tue esigenze.

Ovviamente i risultati saranno possibili **solo** ed esclusivamente se metterai **impegno e determinazione** in questo progetto, e **solo** con le giuste strategie. Il mio ebook non lavora in automatico, se tu non applicherai i miei consigli difficilmente riuscirai a guadagnare con le mie strategie, quindi per raggiungere buoni risultati devi **impegnarti** seriamente e prendere tutto questo come un **vero lavoro** e non come un passatempo.

L'impegno e la determinazione sono ingredienti fondamentali nella "ricetta" del guadagno online.

CAPITOLO 1:

Come Rendere un Business Automatico

La prima regola del guadagno online è questa: «**I soldi non piovono mai dal cielo!**» In molti ti avranno detto che esistono business totalmente automatici e questo è assolutamente vero. Ma per rendere automatico un business prima bisogna avviarlo, crearlo, impostarlo a dovere e poi continuare comunque a controllarlo, perché non si sa mai… la "macchina automatica" potrebbe comunque riscontrare problemi e potrebbe bloccarsi per un qualsiasi motivo.

Quindi, finalmente **basta confusione**, cerchiamo di chiarire le idee sui vari business che internet oggi rende disponibili. Per fare questo devi fare attenzione come prima cosa agli **errori che si possono commettere**.

I principali errori da evitare

Lavorare con internet è sicuramente possibile e puoi arrivare anche a grandi risultati. Però c'è da dire una cosa importante: come per tutti i lavori, ci vuole molta costanza e soprattutto passione. La **passione** è fondamentale, altrimenti difficilmente potrai arrivare lontano. Se internet ti piace, se passi volentieri le ore davanti al tuo computer, se hai degli interessi e delle passioni su cui poter costruire un business, allora hai speranze di arrivare davvero lontano.

Di seguito vado a elencarti alcuni errori da evitare assolutamente nel mondo dell'internet marketing. Ci sono modelli di business che non funzionano (la maggior parte) e modelli che invece funzionano anche molto bene. L'infomarketing è un modello di business online che funziona molto bene. Aprire un business sul web è piuttosto semplice, e può essere anche molto divertente. Ci sono però alcune regole fondamentali da seguire, che anche i marketer più esperti ogni tanto sottovalutano o dimenticano proprio.

Ho stilato la lista degli errori più gravi per il tuo business online. Prendine nota: conoscerli in anticipo ti eviterà di **perdere tempo e soldi e ti aiuterà a costruire un business solido e redditizio.**

1) non usare la strategia appropriata

Non tutte le strategie vanno bene per tutti i business. Sulla carta sì, ma al momento puoi essere tentato di ripetere piani d'azione che sono stati efficaci per altri prodotti, tuoi o di altri. Invece, la tua strategia di marketing deve essere pensata su misura per il tuo business e per gli obiettivi che vuoi raggiungere!

2) non continuare ad aumentare la tua visibilità

Non puoi mai ritenere di avere abbastanza visibilità: devi sempre continuare a lavorare per aumentarla, cercando di essere sempre il più visibile possibile. Più visibilità significa tutto per il tuo business: contatti con nuovi potenziali clienti, più link, migliore posizionamento sui motori di ricerca e anche migliore reputazione: tutte cose fondamentali per vendere!

3) contare solo sul traffico a pagamento

Con AdWords e tutti i sistemi pay per click puoi portare

velocemente un bel po' di traffico al tuo sito. Però si tratta di traffico a pagamento e ci sono nicchie di mercato in cui ogni click può costarti davvero tanto e **il conto finale può essere molto salato**! Per questo è bene anche ottimizzare il tuo sito per i motori di ricerca, per far sì che abbia un buon posizionamento già di suo: in termini di immagine è sempre meglio essere ai primi posti nei motori di ricerca che negli annunci laterali i quali, comunque, non tutti leggono.

4) creare siti dal design troppo ricercato o troppo complicato
Un design ricercato non ti garantisce affatto che venderai i tuoi prodotti. Se i tuoi clienti non trovano in **breve tempo quello che cercano**, sta pur tranquillo che ben presto passeranno a un altro sito, magari più modesto ma più facile da navigare. Sul web è fondamentale puntare sulla chiarezza e sulla leggibilità. Molti siti, invece, sono fatti pensando solo al gusto di chi lo crea, senza pensare alle necessità del cliente. Tutto questo si paga caro in termini di clienti persi nel giro di pochi minuti.

5) sottovalutare l'importanza delle misurazioni
In ogni tipo di business è fondamentale misurare i risultati. Solo

quelli basati su internet, però, sono completamente misurabili, in modo facile e comodo. Per questo è doppiamente sbagliato trascurare le misurazioni. **Sapere cosa sta funzionando meglio, in tempo reale o quasi, ti aiuta a ritagliare un business estremamente efficace**. Puoi sapere cosa funziona meglio, da dove arriva il tuo traffico migliore, quali prodotti preferisce il tuo pubblico: insomma, molte informazioni preziose che ti consentono di fare consapevolmente le scelte che un imprenditore offline fa con molti meno dati.

6) ignorare l'importanza del roi

Il roi, ovvero il ritorno sugli investimenti, è un dato importantissimo. La prima domanda che dovresti farti sempre sul tuo business è: «Ho un buon roi? Ovvero, sto guadagnando a sufficienza dal mio investimento?» Non dare sufficiente importanza a questa domanda potrebbe costarti molto caro.

Un classico esempio: in una campagna impostata su Google AdWords (sistema pay per click di Google), più che pensare a quanto ti costa ogni singolo click, devi piuttosto valutare il roi, il costo totale di tutti i click a vuoto che ti ci vorranno per ogni cliente acquisito, sottratto dal guadagno sul tuo prodotto. Solo allora potrai capire chiaramente se ci stai guadagnando oppure no.

Per esempio, se per vendere un prodotto da 10 euro ne devi spendere 30 di pubblicità, il tuo roi è **negativo**. Se le cifre fossero esattamente rovesciate, il tuo roi sarebbe pari al **200** per cento. La prima opzione ti fa perdere soldi, la seconda te li fa guadagnare.

7) usare il canale sbagliato per fare pubblicità

Ci sono numerosi modi per farsi pubblicità online, non tutti sono però adatti al tuo caso. Per prima cosa devi conoscere bene il tuo mercato per capire non solo quali siano i suoi bisogni, ma anche quali siano i canali migliori per raggiungerlo. Nella tua valutazione dovrai tener conto del tuo budget, ma anche della qualità di visitatori che ciascun metodo ti può portare.

Un errore frequentissimo, infatti, è quello di confondere la quantità con la qualità del traffico. Niente di più sbagliato! Il traffico generalista, seppur abbondante, non è affatto detto che si traduca in vendite. O meglio, hai la stessa possibilità di fare centro su di un bersaglio con gli occhi bendati. Molto meglio tenerli ben aperti e mirare al centro, non pensi?

Bene, questi sono i consigli più importanti che io possa darti, indipendentemente dal business che deciderai di avviare. Alcuni punti potrebbero non esserti completamente chiari per ora, ma li capirai meglio nel momento in cui andrai ad approfondire un qualsiasi metodo di guadagno con internet. **Si tratta di numeri e parole che funzionano in ogni business**, quindi ogni attività online, qualunque essa sia, avrà bisogno di vedere applicati i consigli che ti ho appena elencato.

Online puoi trovare diversi business, ognuno di questi è differente, ma sono tutti efficaci se applicati con precisione. Iniziamo immediatamente a esaminare i vari modelli di business che potrai andare ad applicare. Nulla toglie che potrai avviare anche 5, 6 o 10 business contemporaneamente. Il mio consiglio più grande ovviamente è quello di partire con **uno solo**. Concentrati al massimo su di esso, investi tutto quello che puoi (parlo di impegno) e cerca di svilupparlo adeguatamente in un tempo breve.

Quando avrai iniziato a fare soldi, quando avrai raggiunto una certa stabilità, allora potrai guardare avanti e iniziare a lavorare su un business tutto nuovo.

SEGRETO n. 1: iniziare con un business alla volta, in modo da poterlo seguire al meglio per avere una certa stabilità economica per poi poter iniziare ulteriori business.

Voglio parlarti ora di un business che ritengo "automatico" e redditizio, ovvero il guadagno attraverso Google AdSense.

Come guadagnare con AdSense

Voglio dedicare ampio spazio a questo business che internet ci offre perché lo reputo davvero molto importante e affidabile. È molto probabile che tu abbia già sentito parlare di Google AdSense. Su internet se ne discute spesso in diversi siti, ma sicuramente non sai esattamente che cos'è, perciò te lo dico io: è uno dei modi più innovativi e veloci per fare soldi online, senza troppi impegni e senza particolari competenze tecniche. Devi sapere, infatti, che Google AdSense ti permette di creare un vero e proprio reddito passivo, che rappresenta il miglior reddito in assoluto.

Il reddito passivo, infatti, si ottiene senza dover lavorare per ottenerlo… anzi, diciamo che si tratta di un reddito che ti arriva mensilmente per aver lavorato una sola volta, è proprio questo il bello! Lavori una o due ore, e poi continui a guadagnare soldi ogni mese per tale lavoro. So bene che potrebbe sembrare quasi impossibile, ma puoi davvero creare un reddito passivo con internet. In effetti, ogni milionario usa il potere del reddito passivo per continuare a guadagnare soldi.

Il miglior esempio di reddito passivo sono i beni immobili. Quando sei il proprietario di un immobile, devi probabilmente assumere una persona che gestisca tutti gli appartamenti, e anche una squadra di manutenzione che si prenda man mano cura dell'immobile, e qualcuno che riscuota gli affitti mensilmente.

Tutto quello che dovrai fare tu è incassare il denaro che arriva di mese in mese. Ovviamente il reddito passivo non si crea da un giorno all'altro. Nel caso del proprietario dell'immobile, c'è bisogno di soldi da investire, tempo da dedicare, conoscenze particolari, oltre a dover trovare un'immobile buono da comprare, fornire una parte dei soldi per comprarlo, e prendere un mutuo per l'altra parte dei soldi, rinnovarlo quando necessario, assumere un manager per la gestione dell'immobile ecc.

Però, dopo questa serie di cose, non resta che incassare gli assegni, mese dopo mese. Google AdSense è l'equivalente online di tutto questo. Dovrai solamente investire un po' di tempo per capire il suo funzionamento, ma dopo che l'avrai installato all'interno del tuo sito o blog, e una volta avviato, inizierai a ricevere denaro ogni giorno, 24 ore su 24. Google AdSense è un mezzo facilissimo da usare, che permette di guadagnare soldi con siti web di tutti i tipi e dimensioni, ti permette di inserire annunci pubblicitari all'interno delle tue pagine web e, in tal modo, guadagnare soldi dai click che riceverai su di essi.

Poiché gli annunci Google AdSense sono strettamente collegati al contenuto del tuo sito, tali annunci saranno attinenti agli interessi e alle caratteristiche delle persone che visitano il tuo sito o blog. Tu dovrai solo migliorare e aggiornare il contenuto delle pagine web, e allo stesso tempo fare un sacco di soldi. Google AdSense offre ai propri utenti la possibilità di fare ricerche con il motore di ricerca di Google: questo ti permetterà di guadagnare ancora più soldi, perché potrai inserire un piccolo motore di ricerca nel tuo sito e guadagnare con i risultati della ricerca. Google AdSense ti offre la possibilità di guadagnare dalla pubblicità presente nelle pagine del tuo sito web, tutto questo senza investimento di denaro, sarà sufficiente un po' del tuo tempo.

Che tipo di annunci dovrai inserire nel tuo sito? Questa è la parte migliore, perché non dovrai decidere tu, Google stesso deciderà per te. AdSense inserirà nelle tue pagine web annunci targhettizzati per ogni pagina, pertinenti cioè con il contenuto stesso delle pagine. Ad esempio, se hai un sito che racconta come hai costruito il tuo acquario, Google probabilmente inserirà annunci che riguardano gli animali domestici, negozi per animali, alimenti per pesci, acquari ecc. Se decidi di aggiungere una casella di ricerca Google sul tuo sito internet, allora AdSense metterà annunci pertinenti alla ricerca del tuo visitatore.

L'iscrizione a Google AdSense è immediata e gratuita, ti puoi iscrivere usando un account già esistente (se, ad esempio, stai già utilizzando Google AdWords), oppure potrai aprire un nuovo account. Normalmente ti viene notificato quasi subito se il tuo sito è accettato nel programma pubblicitario di AdSense.

C'è una cosa importante da sapere: Google non ha criteri rigidi; quasi tutti i siti possono essere accettati nel programma AdSense. Inoltre, non ti viene imposto un traffico minimo, quindi sono accettati anche siti che non ricevono nemmeno una visita al giorno. L'unico criterio importante è che il contenuto del sito sia accettabile, quindi niente argomenti "particolari" (sesso, medicine, armi ecc.).

Google AdSense vuole portare gli utenti a contenuti di qualità, per questo motivo è permesso l'inserimento di una sola pubblicità AdSense per pagina. Quando Google AdSense ti accetterà nel suo programma pubblicitario, sarai in grado di usare gli annunci AdSense su qualsiasi sito di tua proprietà, usando sempre lo stesso codice (un breve codice HTML che dovrai inserire nel sito), con la condizione di seguire le linee guida di Google (questo è molto importante, avrai più informazioni di seguito).

Inoltre, devi sapere che i rapporti (le statistiche) di Google AdSense non saranno mai in tempo reale, ma sarà aggiornato regolarmente durante il giorno. Attualmente non puoi visualizzare rapporti separati per ogni dominio o sito. Se usi AdSense su più di un sito internet le statistiche sono sempre generiche. Prima di iscriverti a Google AdSense ti consiglio comunque di leggere le Faq di Google AdSense: www.google.com/adsense/support/?hl=it www.google.com/adsense/support/?hl=it

Google AdSense può farti guadagnare davvero molti soldi. Chi afferma il contrario è perché non sa lavorarci come si deve. Più annunci pubblicitari pertinenti saranno presenti nelle pagine web del tuo sito, più click riceverai su di essi, quindi più soldi guadagnerai. Infatti, quando gli utenti faranno click su un annuncio pubblicitario del canale AdSense, Google ti pagherà.

SEGRETO n. 2: crea ogni pagina web con un contenuto specifico, evitando di inserire in una sola pagina argomenti differenti.

Se già hai un'attività di commercio online, o qualsiasi tipo di business in rete, questo sarà per te un introito supplementare, ma non è indispensabile avere già un business avviato. Con AdSense avrai a disposizione un vero e proprio pannello di controllo globale, compresa una sezione che ti spiega come funzionano gli annunci e che ti offre informazioni dettagliate sui guadagni maturati.

Google ha una base di inserzionisti immensa, quindi esistono annunci per tutti i tipi di attività e per ogni tipo di contenuto. Infatti, fanno parte di AdSense diversi tipi di business e inserzionisti. Questi inserzionisti vanno dai grandi brand globali, fino alle piccole aziende locali. In più gli annunci sono sempre indirizzati dal punto di vista geografico, quindi le aziende internazionali possono facilmente inserire annunci pubblicitari locali, non ci sono limiti a riguardo.

Un'altra cosa positiva è che puoi usare Google AdSense con innumerevoli lingue diverse. Secondo te, come fa AdSense a pubblicare sempre (diciamo quasi sempre) annunci mirati? Tutto questo accade perché ha l'abilità di proporre annunci pertinenti dato che i guru di Google sanno benissimo come funzionano le pagine web, quindi perfezionano giorno dopo giorno la loro tecnologia e gli algoritmi di questi servizi.

Ad esempio, certe parole possono avere significati diversi, questo dipende ovviamente dal contesto in cui si trovano. La tecnologia di Google è così intelligente da capire queste differenze, addirittura riesce a comprendere con correttezza il contesto della parola, l'unico modo per avere inserzioni più mirate. Inoltre, la possibilità di fare ricerche dalla tua pagina web terrà i tuoi utenti sulla pagina più a lungo, così che possano effettuare la ricerca dal tuo stesso sito, senza dover andare direttamente sul motore di ricerca di Google.

È facile iniziare a usare AdSense; ti chiede solo pochi minuti di lavoro per compilare un modulo per l'iscrizione online. Quando Google avrà accettato la tua richiesta di adesione al programma pubblicitario, ti serviranno solo 5 minuti di lavoro per installare AdSense sul tuo sito web. Tutto quello che dovrai fare è copiare e incollare un breve codice HTML nel codice sorgente del tuo sito (più avanti ti mostrerò come fare).

Quando avrai fatto tutto questo, annunci pubblicitari pertinenti inizieranno a essere pubblicati sul tuo sito web.

DOVRAI SOLO COPIARE IL TUO CODICE ADSENSE ED INSERIRLO NEL SITO

Per compilare subito il modulo di iscrizione a Google AdSense, fai click sul link accanto: www.google.com/adsense/g-app-single-1. AdSense è un ottimo strumento per guadagnare, ma voglio ricordarti che nessun tipo di risultato può essere garantito, poiché il tipo di successo che riuscirai a raggiungere dipenderà esclusivamente da te, ma ti assicuro che se non credessi personalmente alle potenzialità di guadagno di Google AdSense non avrei mai creato una recensione così lunga.

Milioni di webmaster in tutto il mondo stanno facendo soldi ogni giorno, 24 ore su 24 con Google AdSense. Per quale motivo non dovresti essere tra loro? La quantità di soldi che puoi fare con

Google AdSense dipende principalmente dai bisogni e dalle esigenze delle persone che visitano il tuo sito. Il cpc, ovvero il costo per click, equivale al tuo profitto netto, e corrisponde esattamente a quanto verrai pagato quando un utente farà click su uno degli annunci che compariranno nel tuo sito.

Il cpc per parole chiave competitive può corrispondere anche a più di 1 o 2 euro, tutto questo ovviamente porta un maggior guadagno, perché più alto sarà il cpc che gli inserzionisti (coloro che pagano la pubblicità) sono disposti a pagare, più alto sarà il tuo profitto. Tutto dipenderà quindi dall'argomento principale del tuo sito o blog, scegli perciò un tema principale (nicchia) molto interessante.

SEGRETO n. 3: lavorare su una nicchia di mercato molto ricercata fa sì che si ricevano molte più visite sul proprio sito.

Comunque sia, anche se ti trovi in un mercato meno competitivo, farai sempre e comunque molti soldi, tutto dipenderà dal numero di visitatori del tuo sito.

È difficile guadagnare meno di 1 dollaro cpm (costo per 1000 impressioni), infatti, il cpm medio è di circa 4 - 5 dollari. Alcune persone stanno guadagnando anche 15 dollari ogni 1000 impressioni (questo significa che ogni 1000 persone che vedono gli annunci su un sito web, in media si ha un guadagno di 15 dollari; immagina quindi avere decine di migliaia di visitatori al giorno sul tuo sito web!).

Se Google guadagna, ad esempio, 2 euro per un click, il tuo guadagno non sarà ovviamente di 2 euro, ma sarà di una commissione relativa a questo valore. Non si sa di preciso il valore della commissione che Google distribuisce ai propri inserzionisti, ma si calcola che sia variabile, tra il 40 e 60 per cento.

Un consiglio che voglio darti è quello di valutare bene il mercato prima di iniziare il tuo lavoro. Devi conoscere il tuo "pubblico tipo", devi pensare alle persone che visiteranno i tuoi contenuti, inoltre, dovrai sempre conoscere bene l'argomento su cui vai a scrivere. Non puoi scrivere sulla chimica nucleare se non sai nemmeno che cosa sia! Quando avrai deciso l'argomento per i tuoi contenuti, allora potrai decidere gli articoli più adatti per andare incontro ai bisogni e alle esigenze di chi probabilmente ti leggerà.

Ecco alcune categorie generali che ti possono dare delle idee:

- servizi editoriali;
- servizi speciali;
- opinioni politiche;
- notizie;
- gallerie di arte;
- recensioni di film, libri, musica;
- interviste a personaggi del web;
- sondaggi.

Inserisci nel tuo sito gli articoli di un esperto (potresti essere anche tu stesso per un certo argomento, oppure un tuo collaboratore esterno). Questo ti permetterà di creare dei buoni contenuti. Inoltre, le persone potranno reagire approvando o no lo scrittore. Questo può creare una pagina molto attiva che probabilmente dovrai anche moderare e offre alle persone la possibilità di esprimere opinioni: dunque, inserisci nel tuo sito una sorta di bacheca o un guestbook. Le persone ritorneranno spesso per leggere le risposte ai loro commenti.

Ecco alcuni suggerimenti:

- scrivi articoli non troppo lunghi, solitamente intorno alle 600 parole. Se crei articoli più lunghi, dividili in più parti, fai tipo delle "puntate", pubblicando un articolo per volta. Ti dico questo perché alle persone non piace scorrere troppo nella pagina;

- gli articoli dovrebbero sempre essere pertinenti al tema principale del tuo sito. Non puoi parlare del clima, se il tema principale del tuo blog sono i soldi;

- gli articoli dovrebbero educare, intrattenere, informare;

- non rimaneggiare articoli che hai letto da altre parti. Pubblicando qualcosa di nuovo farai crescere il valore e l'affidabilità del tuo sito.

Ecco ora alcuni consigli importanti per trovare contenuto per il tuo sito o blog:

- offriti di pagare autori (chiamati anche ghostwriters) per il lavoro di scrittura. Potresti far scrivere un articolo anche a una persona che segue il tuo sito e che scrive spesso nella tua bacheca, meglio se una persona che ha talento per la scrittura;

- scambia articoli con altri siti web del tuo stesso settore, i tuoi visitatori saranno felici di questo perché gli fornirai un altro punto di vista;

- assicurati che tu abbia esclusività. Quando qualcuno scrive per te, assicurati che non consegnerà lo stesso articolo a decine di altri siti web o newsletter.

Puoi anche ripubblicare articoli scritti da altre persone, però devi sempre chiedere prima il loro permesso. Tutti i contenuti, dal momento in cui vengono scritti e pubblicati, sono proprietà esclusiva degli autori stessi.

SEGRETO n. 4: cerca sempre di avere l'esclusività degli articoli. Non pubblicare mai articoli scritti da altri autori, in questo modo i visitatori percepiranno serietà e affidabilità.

Devi fare attenzione, **non puoi copiare l'articolo originale senza il permesso dell'autore**. Evita anche gli articoli che sono stati ripubblicati tante volte su altri siti web.

Il consiglio che ora voglio darti è quello di seguire queste mie indicazioni nel miglior modo possibile, solo così potrai realmente guadagnare soldi grazie a AdSense. Avrai compreso che Google AdSense è un business online serio, valido e importante. Dovrai solo fare un po' di pratica e dedicare parte del tuo tempo a questo tipo di attività.

Utilizza Google AdSense con più blog, aprine uno per ogni argomento, e inserisci gli annunci AdSense in ognuno di essi. Più visite riceverai, più alti saranno i tuoi profitti, questa è la regola principale. Se hai almeno 10 ore di tempo alla settimana, avvia pure questo tipo di attività online tranquillamente.

RIEPILOGO DEL CAPITOLO 1:

- SEGRETO n. 1: iniziare con un business alla volta, in modo da poterlo seguire al meglio per avere una certa stabilità economica per poi poter iniziare ulteriori business.
- SEGRETO n. 2: crea ogni pagina web con un contenuto specifico, evitando di inserire in una sola pagina argomenti differenti.
- SEGRETO n. 3: lavorare su una nicchia di mercato molto ricercata fa sì che si ricevano molte più visite sul proprio sito.
- SEGRETO n. 4: cerca sempre di avere l'esclusività degli articoli. Non pubblicare mai articoli scritti da altri autori, in questo modo i visitatori percepiranno serietà e affidabilità.

CAPITOLO 2:

Come Guadagnare con le Affiliazioni

Come ti ho già ripetuto prima, ti mostrerò ogni tipo di business, ma ora voglio iniziare a mostrarti un business che a mio parere è uno dei migliori!

Si tratta di un business davvero redditizio: **le affiliazioni**. Le affiliazioni sono un business online che ti consiglio con tutta me stessa. Il concetto di affiliazione è veramente molto semplice e, come ben saprai, oggi su internet si vende praticamente di tutto. Esistono milioni di aziende che vendono attraverso internet. Tu puoi diventare loro affiliato: in poche parole, puoi promuovere (vendere) i loro prodotti e per ogni vendita ti verrà corrisposta una commissione, ossia una percentuale sul prezzo del prodotto venduto.

Facciamo subito un esempio. Se inizi a promuovere un prodotto che ha un prezzo di 100 euro, e il commerciante (merchant) ti offre una commissione del 40 per cento, per ogni vendita che riuscirai a generare ti spetterà il 40 per cento sul prezzo di vendita del prodotto, in questo caso il 40 per cento di 100 euro rappresenta **40 euro di guadagno per te**.

Fino a qui è tutto estremamente semplice, ma bisogna muoversi con molta cautela nel settore delle affiliazioni e ora ti spiego il perché. Come ti ho detto, su internet si vende di tutto, di conseguenza tu stesso puoi vendere di tutto. A questo punto però dobbiamo fare alcune importanti considerazioni.

Su internet ci sono veramente tantissimi prodotti diversi da promuovere, ma non tutti funzionano, o meglio, non tutti si vendono così facilmente.

Ci sono quindi dei prodotti che si vendono bene e altri che si vendono meno bene. Devi stare attento al prodotto (o servizio) che deciderai di promuovere, questo è di fondamentale importanza. Devi poi fare attenzione a trovare il prodotto che ti permette di guadagnare di più e alla categoria di prodotti che ti offre le commissioni più alte.

Ricordati, infatti, che se il merchant ti offre una commissione maggiore, i tuoi guadagni di conseguenza aumenteranno più rapidamente. Inoltre, scegli sempre un prodotto nuovo, che abbia una pagina di vendita accattivante, questo ti permetterà di guadagnare molto di più. Se sceglierai un prodotto già uscito da molto tempo non guadagnerai molto, perché ovviamente ci sono nuovi prodotti migliori sul mercato.

Fai attenzione a questi dettagli perché possono davvero fare la differenza, soprattutto per le tue entrate economiche. Le affiliazioni sono un concetto semplice ma possono davvero farti guadagnare molti soldi, se utilizzate nel modo giusto. Come avrai compreso la scelta del prodotto è fondamentale per guadagnare affiliandosi ad altre società.

SEGRETO n. 5: scegliere con attenzione il prodotto da promuovere e accertarsi che il prodotto sia nuovo e che abbia una buona presentazione.

Tutto ciò che ti ho appena detto è fondamentale per iniziare bene con le affiliazioni. È, infatti, giusto sapere di che business si tratta, ma ora voglio mostrarti bene come guadagnare da esse. Probabilmente la tua preoccupazione riguarda il traffico verso i prodotti da te scelti. Per guadagnare con le affiliazioni ovviamente avrai bisogno di persone che ti seguano e che visitino la tua offerta, quindi avrai bisogno del traffico!

Esistono diversi metodi per generare traffico, come ad esempio le directory, che sono un metodo di traffico gratuito, oppure puoi decidere di investire i tuoi soldi in pubblicità a pagamento. Esistono anche altri metodi per promuovere un prodotto, come ad esempio inserendo link in vari siti di annunci, oppure creando inserzioni su eBay, creando siti o blog, o utilizzando Facebook.

In base a numerosi test che ho personalmente effettuato, posso dirti che la pubblicità che ti permette di arrivare a ottimi profitti in breve tempo con il settore delle affiliazioni online è il pay per click (ti mostrerò più avanti come utilizzarlo). A mio parere è il metodo più veloce per ottenere buoni risultati. Comincerò mostrandoti come ricevere visite tramite le directory, un metodo che, benché gratuito, risulta comunque valido per ricevere traffico.

Di seguito puoi trovare alcune delle directory, a mio parere, migliori:

- www.blogs-italia.com;
- directory.pubblicitaonline.it;
- www.segnalasito.net;
- www.tuttoperinternet.it;
- www.directoryaziende.eu;
- www.greenstudioservice.com.

Ovviamente ne puoi trovare molte altre navigando per il web, ma ti ho elencato le migliori e quelle che io stessa utilizzo. Per farti capire meglio, se cerchi su Google il mio nome, potrai vedere tu stesso che compaio con queste directory.

Come puoi notare dall'immagine, ogni volta che un utente digita il mio nome trova le directory. Avere il proprio nome in molti siti differenti è molto importante non solo per la pubblicità, ma anche per la tua immagine. In questo modo gli utenti avranno modo di conoscerti meglio e di conoscere meglio il tuo lavoro.

Di seguito un altro esempio per farti comprendere meglio:

Come puoi vedere, grazie alle directory, ogni volta che un utente cerca il mio nome trova me e il mio blog e in questo modo ricevo visite gratuite. Per iscriverti è davvero molto semplice, ti basta fare click sulla directory che ti ho segnalato e poi compilare l'iscrizione con i tuoi dati, inserendo l'URL del tuo blog e una breve descrizione di te stesso per farti conoscere meglio da chi ti vedrà.

Per comprendere meglio come fare ecco un esempio:

Per iscriverti devi semplicemente fare click su "segnala il tuo blog", come ti ho indicato nell'immagine, e inserire i tuoi dati come nell'esempio seguente:

Dopo aver completato l'iscrizione fai click sul pulsante "segnala", dopodiché dovrai aspettare la conferma di inserimento del tuo sito o blog da parte dello staff.

Posso assicurarti che tutto è davvero molto semplice. Ovviamente ci vorrà del tempo per ricevere visite, ma è comunque un ottimo strumento di pubblicità. Voglio mostrarti i miei risultati con questo metodo gratuito. Nell'immagine seguente puoi visualizzare il mio blog:

Di seguito ti mostro le visite che ho ricevuto nell'ultimo mese grazie alle directory:

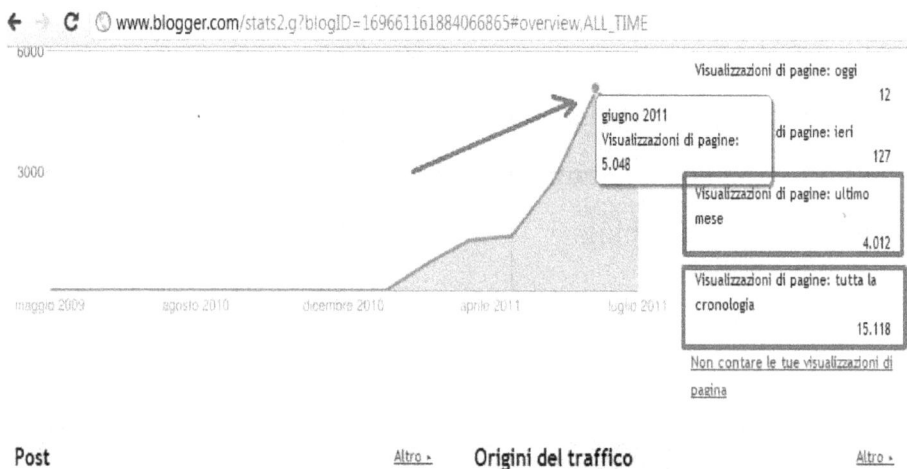

Avrai potuto notare il numero notevole di visite che ho ricevuto in un solo mese. Per questo motivo ti consiglio di utilizzare le directory, ovviamente il numero di visite è dovuto anche alla qualità dei miei articoli, grazie alle parole chiavi e al tempo, ma posso assicurarti che con impegno e lavoro costante anche tu puoi arrivare a ricevere molte visite. L'inizio sarà più difficile, ma col tempo e l'impegno potrai arrivare lontano. Se ora ricevo queste visite è perché ho lavorato davvero molto al mio blog e ho curato molto il suo aspetto e la qualità degli articoli.

SEGRETO n. 6: inserire all'interno del blog articoli interessanti accertandosi di inserire all'interno di questi parole chiavi inerenti al proprio mercato.

Bene, ti ho mostrato l'efficacia dei metodi gratuiti, ma come ti ho accennato prima, voglio mostrarti nel dettaglio la pubblicità a pagamento, ovvero il pay per click. Ora ti chiederai: «Ma cos'è questo pay per click?» Stai tranquillo, è veramente molto semplice da capire, te lo spiego subito.

Il pay per click è un modo di fare pubblicità online. Grazie alla pubblicità pay per click si possono raggiungere velocemente grandi risultati con le affiliazioni. Il pay per click è una forma di pubblicità a pagamento che ti permette di pagare solo i click che ricevi sul tuo annuncio pubblicitario. Il vantaggio del pay per click è che con pochissimi euro di investimento al giorno puoi ricevere un buon numero di potenziali clienti interessati ai tuoi prodotti e sarai poi sempre tu a decidere la spesa massima per ogni click che riceverai.

Un altro vantaggio importante è rappresentato dal fatto che le persone che visualizzeranno il tuo annuncio pubblicitario saranno strettamente interessate al prodotto che promuovi e questo è un aspetto molto importante. Altro vantaggio del pay per click è quello di poter offrire agli utenti un bonus oppure un ebook in omaggio in cambio della loro iscrizione.

Grazie al pay per click potrai, oltre ai tuoi prodotti di affiliato, promuovere la tua squeeze page con cui potrai creare una lista di clienti tutta tua. **Cos'è una squeeze page?** Se non ne hai mai sentito parlare, una squeeze page – non preoccuparti – è qualcosa di molto semplice ma indispensabile per fare del buon email marketing (più avanti ti spiegherò nel dettaglio l'importanza dell'email marketing e come svolgerlo al meglio).

Una squeeze page è una pagina web in cui un utente non può fare niente altro che inserire il suo nome e il suo indirizzo email per aver accesso a contenuti e/o servizi premium. In altre parole, il visitatore viene metaforicamente "spremuto" per cercare di ottenere il suo indirizzo di posta elettronica e poter comunicare successivamente con lui via email.

In realtà, all'interno di una squeeze page non ci sono né pressioni né minacce di alcun tipo, anzi, è il contrario. Chi atterra su una squeeze page è così ansioso di aver accesso ai contenuti extra che è ancora più disposto a fornire il suo indirizzo email in cambio di qualcosa in più.

Ecco cosa dice Wikipedia sulle squeeze page: «L'unico obiettivo di un squeeze page è quello di ottenere l'indirizzo email dei visitatori. Inserire troppe informazioni in una squeeze page potrebbe avere solo l'effetto di distrarre gli utenti e indurli ad abbandonare la pagina per altre destinazioni. Il più delle volte in una squeeze page sono praticamente assenti menù di navigazione e collegamenti ipertestuali. Questa strategia viene utilizzata per focalizzare l'attenzione dei visitatori su un'unica scelta: registrarsi alla mailing list o abbandonare la pagina.»

SEGRETO n. 7: creare una squeeze page con sfondo bianco, priva di immagini pesanti. Inoltre, è necessario creare una squeeze page priva di collegamenti e menù di navigazioni.

Quando cerchi di costruire una lista di contatti hai bisogno di una pagina dove i visitatori troveranno un form da riempire con il proprio nome e il proprio indirizzo di posta elettronica. Per ottenere queste informazioni potresti sia inserire un piccolo box sul tuo sito, magari in una colonna laterale del tuo blog o del tuo sito web, oppure potresti creare una pagina dedicata molto speciale, ovvero una squeeze page.

Questa è sicuramente la strada migliore, quella cioè di affiancare una squeeze page a una buona campagna pay per click. Il pay per click, come ti ho già ripetuto, ti permette di ricevere visite mirate, cioè persone interessate al tuo settore. In questo modo potrai ricevere contatti solo da chi è davvero interessato alla tua pubblicità.

È, infatti, **fondamentale** raggiungere persone davvero interessate a ciò che gli stai proponendo. Su internet trovi diversi servizi che ti permettono di creare annunci pubblicitari sfruttando il pay per click. Puoi creare annunci pubblicitari a pagamento su Google, sul motore di ricerca di Yahoo, oppure attraverso il programma pubblicitario Miva e ce ne sono anche altri tutti estremamente affidabili.

Per evitare di spendere troppo ti consiglio di utilizzare al meglio il sistema pay per click (tariffa per ogni click ricevuto) di Yahoo, che prese il nome di Yahoo Search Marketing. Oggi Yahoo raggiunge gran parte degli utenti internet di tutto il mondo, questo significa che utilizzando questo motore di ricerca avrai la sicurezza di raggiungere un buon bacino di utenza.

Nell'immagine seguente puoi vedere esattamente dove Yahoo pubblica i tuoi annunci pubblicitari:

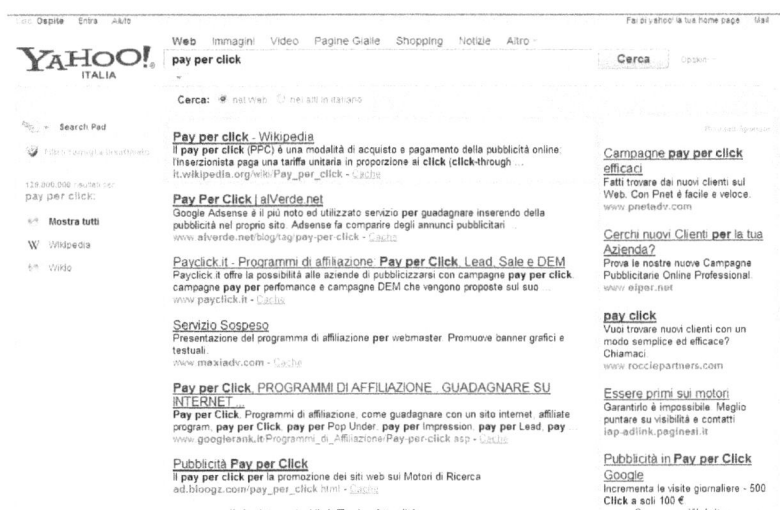

Puoi usare il motore di ricerca di Yahoo per ricercare qualsiasi cosa, compariranno sempre gli annunci sponsorizzati, ossia gli annunci a pagamento.

Avrai compreso che lavorare con le affiliazioni è molto semplice ed è un ottimo metodo di guadagno: lavori una volta per poi poter guadagnare in automatico 24 ore su 24, senza alcuna sosta. Inoltre, le affiliazioni permettono anche ai meno esperti di iniziare a lavorare con internet senza attese.

Facciamo un breve riepilogo sul lavoro dell'affiliato:
- iscrizione al portale di affiliazione;
- individuazione del prodotto da promuovere;
- iscrizione a Yahoo Search Marketing;
- creazione della campagna pubblicitaria;
- attesa dei primi risultati (profitti);
- monitoraggio e miglioramento della campagna ppc.

Come vedi, servono solo un paio di iscrizioni, dopodiché potrai iniziare a fare soldi in automatico senza attese.

Riassumendo in poche parole, dovrai affiliarti a un commerciante (merchant) e prelevare il tuo personale **link di affiliazione** (link speciali fatti con un codice particolare che ti verrà specificato appena iscritto al programma di affiliazione scelto) per la promozione del prodotto o servizio. Successivamente ti iscriverai al servizio pay per click di Yahoo Search Marketing e andrai a impostare una campagna pubblicitaria ppc (tariffa per ogni click ricevuto).

Come ti ho mostrato precedentemente, quando qualcuno fa una qualsiasi ricerca sul motore di ricerca di Yahoo (www.yahoo.it), compaiono dei piccoli annunci pubblicitari in alto e sulla destra della pagina. Quando qualcuno farà click sul tuo annuncio, pagherai il click ricevuto, ma ti ricordo che sarai tu stesso a decidere quanto spendere per ogni singolo click.

La persona che ha fatto click sul tuo annuncio visita quindi il sito di vendita del commerciante (merchant) e, se acquista il prodotto **tu guadagni la commissione**, ossia guadagni una percentuale sul prezzo di vendita del prodotto venduto. Le affiliazioni rappresentano quindi un business ottimo. Stiamo parlando dell'opportunità perfetta per raggiungere ottimi profitti in modo semplice e rapido. Devi però sapere che se non si applicano le giuste tecniche e se non si selezionano prodotti adeguati è addirittura possibile perdere soldi con il settore delle affiliazioni online.

Dovrai quindi fare attenzione, perché le affiliazioni possono portarti davvero molto lontano, ma devi saperci lavorare in modo corretto. Il consiglio più grande che posso darti è quello di selezionare una categoria di prodotti ricercata, possibilmente una categoria di infoprodotti, ovvero prodotti digitali, cioè scaricabili attraverso internet, e iniziare a promuovere questi prodotti nel modo che ritieni più opportuno.

SEGRETO n. 8: selezionare una categoria di prodotti ricercata, possibilmente prodotti digitali, e iniziare a promuovere con i metodi consigliati.

Esistono poi anche le affiliazioni americane, ma queste hanno l'ostacolo della lingua. Devi conoscere almeno un minimo di inglese per poter creare annunci pubblicitari adeguati. Le affiliazioni online sono una grande opportunità di business, ti consiglio di iniziare con queste.

RIEPILOGO DEL CAPITOLO 2:

- SEGRETO n. 5: scegliere con attenzione il prodotto da promuovere e accertarsi che il prodotto sia nuovo e che abbia una buona presentazione.

- SEGRETO n. 6: inserire all'interno del blog articoli interessanti accertandosi di inserire all'interno di questi parole chiavi inerenti al proprio mercato.

- SEGRETO n. 7: creare una squeeze page con sfondo bianco, priva di immagini pesanti. Inoltre, è necessario creare una squeeze page priva di collegamenti e menù di navigazioni.

- SEGRETO n. 8: selezionare una categoria di prodotti ricercata, possibilmente prodotti digitali, e iniziare a promuovere con i metodi consigliati.

CAPITOLO 3:

Come Guadagnare con gli Infoprodotti

Cos'è un infoprodotto? Un infoprodotto è appunto un prodotto informativo e con questo termine ci si riferisce quasi sempre a ebook. Il business degli infoprodotti è uno dei più grandi ed è una delle attività più remunerative del web. In rete puoi trovare diversi infomarketers che stanno creando un vero e proprio impero grazie ai loro infoprodotti.

Molti di loro stanno fanno soldi anche vendendo prodotti di altri, ma, al centro del loro business, ci sono stati e ci sono ancora i loro propri prodotti. Questo non ti dice niente? Secondo me, invece, dovrebbe farti capire molto. Cominciamo da dove si inizia di solito, ossia dal marketing di affiliazione di cui abbiamo parlato nella parte iniziale dell'ebook.

Esso rappresenta la promozione di prodotti appartenenti ad altri, in cambio di una parte di profitto che viene chiamata commissione. Suona abbastanza semplice, no? In effetti, è tutto molto semplice. Ci sono moltissimi affiliati di successo nel web. Si tratta di persone che sanno da sole come portare avanti questo business... e fanno veramente molti soldi. Loro non devono dedicare molto lavoro alla creazione di un prodotto, ma credimi, i grandi affiliati si devono impegnare per fare la bella vita!

Cosa succede, ad esempio, se il prodotto con il quale stai guadagnando commissioni improvvisamente scompare dalla faccia della terra? Cosa succede se l'azienda che ha creato quel prodotto inizia ad avere problemi finanziari e non riesce a pagare più le commissioni? Oppure, cosa che accade molto frequentemente, cosa succede se il prodotto da 100 euro che ti sta facendo guadagnare ottime commissioni, improvvisamente compare su eBay a 10 euro?

Tutto questo può accadere, certe volte anche più spesso del dovuto. Ma se il tuo business si costruisce sui prodotti di qualcun altro, che ci puoi fare? Se non possiedi il tuo prodotto, allora non possiedi il business. Al contrario, se il prodotto è **tuo**, sei **tu stesso** che controlli il tuo business online. Sono sicura che ci avevi già pensato. Non è necessario essere dei geni! E sono altrettanto sicura che probabilmente avevi anche progettato un prodotto tutto tuo da vendere con orgoglio al mondo intero, ma qualcosa ti ha bloccato, giusto?

Da molti anni ricevo centinaia di richieste di questo tipo: «Mi puoi aiutare a scrivere un ebook tutto mio da vendere su internet?» «Come posso fare la stessa cosa che stai facendo tu?» «Vorrei veramente avere, come te, un prodotto tutto mio... Mi puoi aiutare?» Sicuramente ti consiglio vivamente di sfruttare questo tipo di business online, e ora voglio anche darti consigli utili e condividere con te tutta l'esperienza che mi ha permesso di avere successo nel web in questo settore.

Creare e vendere ebook è solo uno dei tanti sistemi per fare soldi online, ma a mio parere è uno dei migliori. La maggior parte della gente che prova a scrivere un libro inizia solitamente con il piede sbagliato. Molti, infatti, non hanno la minima idea di cosa stiano facendo. Aprono un programma per elaborazione di testi (Microsoft Word o simili) e iniziano a scrivere. Questo significa insuccesso sicuro, qualunque sia l'argomento del libro. C'è tempo per scrivere, ma prima bisogna fare qualcos'altro. Ecco la prima cosa che devi fare: **liberare la tua mente dai pensieri negativi**. Anche se non lo sai, tu hai dei pensieri negativi. Ne devi avere per forza, altrimenti avresti già il tuo prodotto in vendita!

In qualche modo ti sei messo in testa che non puoi scrivere un libro, o che non sai come metterlo insieme, oppure che le tue idee non sono abbastanza buone. A questo punto, dunque, un libro non ce l'hai. Se pensi di non poter scrivere un libro, allora avrai ragione! Se pensi, invece, di poterlo scrivere, allora avrai ragione lo stesso! Tutto questo dipende esclusivamente da te! Se credi di non poterlo fare, allora non potrai davvero farlo. Se credi di poterlo fare, allora potrai e nessuno ti fermerà.

Hai un libro dentro di te e probabilmente ne troverai più di uno una volta avviato questo processo. Ognuno di noi ha già un libro nella propria testa. A me non interessa se pensi di non poter scrivere un libro, io so bene che puoi farlo! Hai mai raccontato una storia o parlato di un'idea a tuo marito, moglie, madre, padre, miglior amico o chiunque altro esso sia? Loro hanno capito ciò che intendevi dire, e magari ne sono stati colpiti? Oppure forse hanno riso, forse hanno pianto, forse sono stati d'accordo con te. Forse qualcosa di tutto questo è successo, ma ciò che conta è che hanno compreso e reagito a quello che hai detto loro.

Ciò che intendo dire è che in un certo senso tu hai già scritto un libro. Ogni volta che lanci un'idea a qualcuno, tu scrivi un libro. Cerca di realizzare questo prima di andare avanti con la lettura di questo ebook.

SEGRETO n. 9: libera la mente da ogni pensiero negativo, così facendo le idee per scrivere un libro verranno automaticamente senza alcun problema.

Stai già scrivendo dei capitoli di un libro praticamente ogni giorno, probabilmente anche adesso, proprio in questo momento! Ogni volta che un'idea passa dalla tua testa a quella di qualcun altro, si può dire che hai finito una frase, un paragrafo o addirittura una pagina! Lo so che molti sono spaventati a morte dall'idea di scrivere qualcosa, sono convinti che ciò che scriveranno sarà di scarsa qualità, oppure hanno paura di perdere troppo tempo in qualcosa che non avrà successo. Se ti senti così, credimi, so da dove vieni. Scrivere bene non è affatto una dote naturale. Voglio però eliminare tutte le tue paure. Forse sei una di quelle persone che devono avere ogni cosa alla perfezione, addirittura prima ancora di pensare alla pubblicazione di un libro. Sei fatto così?

Bene, mi viene in mente la vecchia storia di Thomas Edison e dei sui 10.000 fallimenti prima di inventare la lampadina. Ma la storia migliore è questa: parla dei due fratelli Wright che hanno costruito insieme il loro primo aeroplano. Tutto il paese sapeva che avrebbero volato proprio come uccelli, come mai prima era accaduto. Avevano addirittura noleggiato una banda per il giorno del loro primo volo. Quei due ragazzi ci credevano davvero. Il giorno prestabilito, una folla enorme si raggruppò, la banda suonò, i bambini correvano intorno, la gente aveva portato panini per pranzo e anche i reporter dei giornali erano là.

L'aeroplano però non funzionò. Non si mosse nemmeno di un centimetro. Neanche uno. E le ali addirittura si staccarono. Per i fratelli fu a dir poco imbarazzante. Ma il peggio fu che fallì anche il secondo tentativo e poi il terzo e anche il quarto. Fu un completo fallimento pubblico, sebbene pensassero che ogni cosa fosse perfetta. Ma dai loro fallimenti impararono qualcosa e al quinto tentativo fecero la storia.

Il punto è questo: qual è la cosa peggiore che può succedere, anche se scrivi un libro non perfetto? Dai un'occhiata ad alcuni degli ebook che proprio adesso trovi in vendita su internet: alcuni sono scritti in modo poco chiaro e confusionario a mio parere!
Tu devi evitare gli errori di molti, quindi la tua mente deve lavorare al meglio. Ti ripeto questo perché di fondamentale importanza. Lascia da parte i perfezionismi, il tuo ebook non sarà mai perfetto, ma che te ne importa? Per il momento tieni il libro così come viene, vedi cosa succede e poi mettilo a punto finché non comincia a vendere. Non sarà mai completamente perfetto, ma può portarti a un buon profitto!

Come prima cosa, devi trovare almeno 30 minuti per te stesso, senza interruzioni di nessun tipo. Niente telefono, tv o radio, niente persone intorno. Solo tu, da solo, per 30 minuti. Cerca il posto che reputi migliore per questa operazione e, infine, procurati alcune cose:

- un qualsiasi blocchetto per appunti. Da qualche parte abbiamo tutti uno di quei blocchetti bianchi. Andrà benissimo uno di quelli;

- un timer. Quello da cucina è ideale perché conta di solito fino a 30 minuti, ma possono andare bene anche un orologio o una sveglia;

- una penna. Può suonare strano, ma è importante che venga usata una penna, piuttosto che una matita o una tastiera. Questo esercizio va fatto a mano con una penna che non possa essere cancellata. Il cervello è straordinario: esso sa istintivamente che se usi qualcos'altro che non sia una penna, avrà l'opzione di cancellare quello che si sta scrivendo, ecco perché bisogna usare la penna.

Il miglior sistema per avere buoni risultati da questa tecnica è che la tua mente:

- deve sentirsi completamente libera di tirare fuori anche ciò che sembra assurdo. Ecco perché ci si ripromette di tenere segrete le idee;

- deve essere sicura di voler prendere sul serio quelle idee e dar loro vita. Se usi una matita o un qualsiasi strumento che si cancelli, la mente sa che può fare delle correzioni.

Quello che faremo adesso è preparare la tua mente a immaginare le grandi idee che creeranno il tuo ebook, idee che si trovano già nella tua testa. Si tratta di idee che potrai letteralmente trasformare in oro. Adesso che hai un posto tranquillo, un blocchetto per gli appunti, una penna e 30 minuti di tempo, siediti e rilassati.

Il primo passo è la respirazione. Respiri lunghi, profondi e lenti. Inspira dal naso ed espira dalla bocca e intanto rilassa il corpo. Inizia adesso il conto alla rovescia. Il prossimo passo sta nell'immaginare il luogo più rilassante che tu abbia mai visto. Gli odori, le sensazioni, i sapori del mare, delle montagne, un letto soffice... qualsiasi cosa ti aiuti a rilassarti... fissala nella tua mente. Ora, inizia a scrivere! Adesso, in questo preciso istante.

Davvero. Spegni le tue paure interiori e scrivi tutto quello che ti viene in mente. Non ci pensare. Non ci pensare! Non pensare a nient'altro che al posto rilassante in cui ti trovi.

Le parole inizieranno a comparire sul blocchetto. Quasi non ti accorgerai nemmeno che stai scrivendo. Questa tecnica funziona così bene perché hai fatto queste poche cose: ti sei ripromesso di non svelare le tue idee a nessuno, hai dimostrato di prendere seriamente questo processo, hai programmato la mente per lavorare su idee che già ti balenavano in testa e, infine, hai fatto in modo che esse avessero libero sfogo. Il risultato sarà a dir poco stupefacente. La vera grande idea è che la gente usi questa tecnica. Riprometti di usare spesso questa tecnica, resterai sicuramente soddisfatto.

A questo punto sei riuscito a lavorare su te stesso. Ti sei liberato dei pensieri negativi, hai realizzato che durante la tua vita hai già scritto dozzine di libri senza saperlo. Hai capito che fallire non è poi una tragedia. Hai anche imparato come lavorare sulla tua mente o, almeno, come lavorarci meglio. Prima di procedere, vorrei che tu lavorassi ancora una volta su te stesso. È arrivato il momento di capire se vuoi veramente farlo.

Non sono qui per dirti che sedendoti al computer, in 20 minuti scriverai un bel libro che venderai a 100 euro e che ti farà diventare milionario nel giro di una settimana. Sarebbe insensato. Scrivere un libro richiede tempo e impegno. Sei disposto a prestare 4 ore al giorno per i prossimi 5 giorni al tuo prodotto? Per un ebook tutto tuo?

Devi prefiggerti un obiettivo concreto, altrimenti non otterrai ciò che desideri e ciò di cui hai bisogno. Avere un obiettivo fa sì che il tuo desiderio (che sia esso una macchina nuova o la libertà economica per il resto della tua vita) si trasformi in un bisogno. C'è una differenza enorme tra un desiderio e un bisogno. Una persona con lo stomaco pieno può dire: «Vorrei un pezzo di torta» invece una persona che non mangia da qualche giorno dice: «Ho bisogno di mangiare qualcosa».

Tu devi **trasformare i tuoi desideri in bisogni**, altrimenti la voglia di raggiungere i tuoi obiettivi si dissolverà prima ancora di aver ottenuto ciò che desideri. Ecco come fare... Ricordi quando ho detto che un'idea non è davvero reale se non la scrivi? Scrivi con una penna sul blocchetto degli appunti le seguenti affermazioni:

- ho bisogno di avere il mio ebook;
- avrò il mio ebook in (inserisci la data: 5 giorni da oggi);
- otterrò il mio ebook attraverso i seguenti passi (scrivi le varie tappe della lavorazione);
- una volta terminato il mio ebook, la mia ricompensa sarà (inserisci una cosa che ti gratifichi per il tuo impegno).

L'ultima affermazione è fondamentale: avere una ricompensa dopo aver terminato l'ebook. Essa non deve avere valore agli occhi di nessun altro all'infuori di te. Può essere un nuovo interesse, una cena romantica con il partner, del tempo da dedicare ai tuoi figli, oppure sprofondare nella lettura di un buon libro. Ecco allora l'ultimo passo decisivo: **firma** questo foglio, mettici la data e attaccalo sul computer o in qualsiasi posto in modo che tu possa vederlo molte volte al giorno. Anche in bagno o sul soffitto sopra il tuo letto.

Però prima di appendere il foglio con i tuoi obiettivi, vai su

Google e trova un'immagine che rappresenti ciò di cui hai bisogno. Se si tratta di una macchina, allora prendi un'immagine di essa e attaccala sul foglio. Se si tratta di una cena romantica, cerca la foto di due persone che stanno facendo una bella cenetta con tanto di decorazioni.

SEGRETO n. 10: scrivere su di un blocchetto l'obiettivo che vuoi realizzare, con tanto di immagine, e averlo sempre davanti ai tuoi occhi ti aiuterà a focalizzare meglio l'obiettivo e a mettere più impegno nel tuo lavoro.

Lascia attaccato quel pezzo di carta fino a che non otterrai quello di cui hai bisogno. Quello che sto per chiederti è di prenderti un impegno, che sia da parte tua e anche da parte della tua famiglia. Senza un impegno aumenteranno le probabilità che tu non termini il tuo lavoro. Ciò vuol dire che non avrai mai un prodotto tutto tuo e di conseguenza non avrai mai la possibilità di controllare il destino del tuo business. È così piccolo come impegno e la decisione dipende tutta da te. Se hai realmente deciso di andare avanti, allora inizia subito! Il mondo degli infoprodotti è infinito e puoi sfruttarlo in molti modi differenti.

Bene, ora che hai il tuo infoprodotto, forse la tua domanda è questa: «Come attiro visitatori verso il mio prodotto?» Ovviamente il tuo prodotto ha bisogno di essere pubblicizzato, quindi come promuoverlo? Andiamo a vedere insieme questo passo di fondamentale importanza.

Come promuovere il proprio prodotto

Dopo che avrai creato il tuo prodotto dovrai investire tempo (e, se possibile, anche qualche euro) nella sua promozione. Ora è arrivato il momento di vendere e quindi guadagnare bei soldini. Ci sono varie strategie, molte delle quali non ti costeranno nemmeno un centesimo. Puoi scrivere piccoli articoli relativi alla materia della tua nicchia e usarli per promuovere il tuo ebook. Sto parlando di articoli di 300, massimo 500 parole, che chiunque può scrivere. Ecco come devi fare:

- scrivi un articolo oppure cerca uno scrittore;
- includi nel tuo articolo un link al sito che vende il tuo ebook;
- metti l'articolo su più siti per articoli.

Gli articoli sono facili e veloci da scrivere, sono gratuiti e rappresentano un ottimo sistema per creare traffico sul tuo sito di vendita. In alternativa puoi utilizzare i documenti audio e video che oggi sono molto di tendenza sul web. Puoi cavalcare l'onda creando un viral video. Il sistema più facile è registrare un video, e metterlo su www.youtube.com.

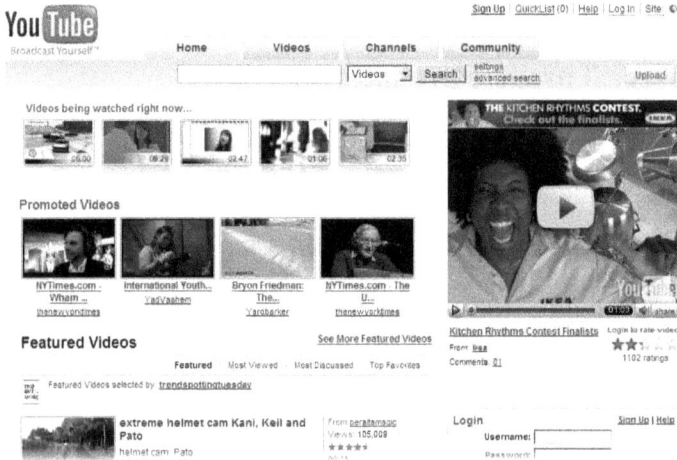

Devi fare un account gratuito e poi caricare il tuo video compilando il seguente modulo:

Ecco cosa dovrai fare:

- dagli un titolo. Cerca di includere la parola chiave o perlomeno l'argomento del tuo ebook;

- inserisci una descrizione. Fanne una breve ma che attiri molto il lettore;

- seleziona una categoria. Ce ne sono 14 diverse al momento, scegli quella più vicina alla tua nicchia;

- inserisci le tag: sono quelle che il modulo chiama "parole chiave";

- a questo punto carica il video selezionandolo dal tuo hard disk, oppure fallo registrare da YouTube, direttamente dalla webcam con il programma Quick Capture:

Video Upload - Quick Capture (Step 2 of 2)

About Quick Capture...

Quick Capture allows you to record a YouTube video instantly via your computer's webcam.

Make sure your webcam is installed and working correctly

Did you mean to upload an existing video from your computer?

Quello che devi inserire nel video è semplice:

• delle informazioni utili e gratuite. Devono riguardare il tuo ebook, ma devi lasciare la curiosità di saperne di più;

• un url per il tuo sito web. Dì al visitatore che ne potrà sapere di più solo visitando il sito.

Se il tuo video è informativo e interessante potrebbe portare molto traffico e, di conseguenza, incrementare le tue vendite.

SEGRETO n. 11: creare un video con argomenti interessanti, inserendo alcune informazioni utili e gratuite riguardanti il proprio sito e inserire all'interno del video l'indirizzo della

propria pagina web per avere maggiori informazioni a riguardo.

Ti ho mostrato come creare un video per ricevere visite e ti posso assicurare che può davvero portarti molto traffico, ma esistono altri metodi di pubblicità. Un altro modo per promuovere il tuo ebook è quello di fare un comunicato stampa. Non è detto che solo le grandi aziende possano fare dei comunicati stampa, dove sta scritto? Inoltre, puoi inviare comunicati stampa gratuitamente. Vai subito al link qui sotto, troverai numerosi siti che ti permetteranno di pubblicare gratuitamente i tuoi comunicati:

www.freeonline.org/dir/c-605/Invio comunicati stampa

www.freeonline.org/dir/c-605/Invio%20comunicat%20stampa

Comunicati-Stampa.net ✓
Comunicati-Stampa.net, come facilmente si intuisce dal nome, è un sito interamente rivolto a comunicati stampa e notizie dal Web. E' un sito di informazione che nasce come supporto al servizio gemello in Freeonline.it (dello stesso editore) per diventare un sito di supporto al servizio di divulgazione news che viene offerto gratis a chiunque ne faccia richiesta. Basta difatti richiedere l'accredito stampa gratuito su Comunicati-Stampa.net ...
Vai alla scheda »

AlimentaPress.it
AlimentaPress.it è un business blog che consente la pubblicazione gratuita ed integrale di articoli e comunicati stampa provenienti o rivolti al settore agroalimentare.

Vai alla scheda »

Area Press
Servizio gratuito che consente di inviare comunicati stampa in modo semplice ed intuitivo. Al fine di evitare abusi è necessaria la registrazione, l'invio avviene dalla propria casella email e il comunicato viene pubblicato in pochi minuti.
Vai alla scheda »

Article Marketing Italia
In questo portale puoi pubblicare articoli e comunicati stampa contenenti 3 links di approfondimento verso i propri contenuti. Tutti gli articoli vengono poi rilasciati con licenza Creative Commons che ne consente la ripubblicazione integrale presso altri siti o blogs compresi links ed informazioni sull'autore. Article Marketing Italia è pertanto: una fonte di contenuti gratuiti per il tuo sito: uno strumento per aumentare la tua link ...
Vai alla scheda »

Article Marketing Italiano
Sito di Article Marketing dove è possibile pubblicare articoli, recensioni e comunicati stampa.
Vai alla scheda »

Se vuoi creare un comunicato stampa devi tenere bene a mente alcune cose:

- i comunicati stampa devono **sempre** essere estremamente interessanti. Se si tratta dell'annuncio di qualcosa che già si conosce da anni, nessuno ovviamente ne sarà attratto.

- devono entusiasmare. Se è noioso nessuno visiterà il tuo sito di vendita. Non li riempire di punti esclamativi, ma rendilo accattivante.

- devi usare una "formula" per crearne uno. Ci sono alcuni parametri da rispettare, altrimenti le organizzazioni che si occupano dei comunicati stampa li rifiutano.

Ora ti darò alcuni consigli su come strutturare il tuo comunicato stampa in modo che possa essere accettato e letto da molte persone:

- usa un titolo che attiri attenzione in **non più di 80 caratteri**. Questo è davvero molto importante. Inoltre, includi un breve sottotitolo che susciti interesse, magari menzionando i vantaggi del tuo ebook;
- il primo paragrafo deve contenere: città, nazione, (nome o compagnia) giorno, mese, anno. Poi inserisci anche un'anticipazione generale, un link al tuo sito di vendita e la ragione principale per cui si dovrebbe acquistare il tuo ebook;
- il secondo paragrafo deve approfondire il primo e deve dire perché il tuo ebook è una novità veramente interessante;
- il terzo paragrafo deve dare informazioni sul tuo sito e mostrare al cliente dove recarsi per saperne di più;
- il paragrafo finale deve essere riassuntivo del comunicato stampa, dopodiché includi un link al tuo sito web dopo

l'ultimo paragrafo.

Termina con tre ### per far capire che il tuo comunicato stampa è terminato. Ricorda che i comunicati stampa sono dei **mezzi un po' più formali degli altri**, ma possono portare un buon traffico al tuo sito.

SEGRETO n. 12: scrivere un comunicato stampa inserendo accuratamente ogni dettaglio relativo al proprio sito e un titolo accattivante in non più di 80 caratteri. Esaltare ogni vantaggio che l'utente può trarre dal prodotto.

Un altro buon sistema per portare vendite è utilizzare i forum per avere pubblicità gratuita. È uno dei migliori sistemi per avere pubblicità gratuita per il tuo ebook. La chiave è il tuo **sig**. Il sig è un documento con materiale promozionale che contiene un link che riporta al tuo sito di vendita.

Ecco un esempio di sig: «Sei disperato perché il tuo bassotto ha problemi alla schiena? Potrebbe essere in sovrappeso. Cerca una **dieta per bassotti** e smettila di soffrire e preoccuparti!» Ovviamente nella frase in grassetto dovrai inserire il link che porterà al sito di vendita del tuo ebook. Il forum deve sempre darti il permesso di inserire il tuo sig.

Una volta ottenuto l'ok da parte del gestore del forum, dovrai fare in modo che il link contenuto venga cliccato il più possibile. Vediamo come puoi fare per raggiungere questo obiettivo:

- fai interventi all'interno delle categorie popolari. Il tuo intervento avrà visibilità;
- scrivi commenti sul tuo argomento. Per fare dei commenti trova dei canali attinenti al tema del tuo infoprodotto;
- rendi utile la tua inserzione. Dare informazioni utili in maniera totalmente gratuita spingerà le persone a cliccare sul tuo link;
- non pubblicizzare la tua inserzione. Il sig serve proprio a far sembrare occasionali le tue inserzioni.

Dovresti trovare 3-5 forum di qualità su cui fare commenti in maniera regolare durante la settimana. Da questa operazione otterrai del traffico, non moltissimo, ma gratis. Perché poi non sfruttare anche il famoso social network Facebook? Collegati subito a Facebook: www.facebook.com.

Sta diventando una vera e propria potenza del marketing online, perché permette anche di creare pagine per fare business:

Tutto ciò che devi fare è creare una pagina per il tuo ebook. Ne puoi parlare alle persone e di conseguenza promuovere bene il tuo prodotto.

Creare una pagina è davvero facile. Devi solo seguire il "wizard" (procedura automatica) che ti fornisce Facebook, che inizia a identificare il tuo business. Oppure puoi impostare una pagina specifica per il tuo ebook usando la pagina delle categorie, dipende tutto da te. Una volta impostata la pagina è facile usare gli strumenti di Facebook.

Il sistema di Facebook si basa sulle amicizie: qualcuno chiede o accetta l'amicizia di qualcun altro nella comunità. Stessa cosa per il discorso business: una persona può diventare fan di un prodotto che le piace. I Social Ads ti danno la possibilità di mostrare annunci anche agli amici delle persone che sono fan della tua pagina. È un po' come spargere la voce. Fai sapere che il tuo prodotto è buono, infondo non c'è niente di meglio per il tuo business!

Fare tutto questo è davvero facile e Facebook lo propone in 4 semplici passi:

1. Get Started | 2. Choose Audience | 3. Create Ad | 4. Set Budget | Help

What do you want to advertise?

When people click on your ad, this is where it will link.

○ **I have a web page I want to advertise:**
http:// ▾

○ Help me make a Fage.

Continue ▸

Already have a Facebook account?
Login now to build on your existing Ads and Pages.

Nota questa pagina chiamata "Set Budget". Nessun Social Ads è gratuito. Come in Google si paga per ogni click che si riceve sul proprio annuncio promozionale.

Ecco qui sotto la pagina delle impostazioni:

Fortunatamente Facebook ti fa stabilire il budget giornaliero, e anche l'importo che sei disposto a pagare per ogni click che riceverai.

Ma per promuovere il tuo ebook c'è un'altra possibilità davvero efficace. Uno dei modi più facili per commercializzare il tuo ebook è quello di creare un esercito di affiliati che promuoveranno il prodotto al tuo posto.

Per chi non è esperto, la cosa migliore è usare dei network di affiliazione che promuovano il tuo prodotto. Il mio consiglio è quello di pubblicare il tuo ebook con la prestigiosa Bruno Editore: www.brunoeditore.it. Dovrai fare click sul pulsante "Pubblica" e seguire passo passo le loro istruzioni. La procedura come vedi è estremamente semplice, inoltre avrai un'assistenza sempre pronta ad aiutarti per qualsiasi problema.

Fino adesso ti ho parlato del mercato italiano, ma se tu decidessi di operare anche in un mercato "diverso"? Oltre al mercato italiano puoi sempre iniziare a lavorare nel mercato americano. Ti basta veramente poco per farlo, sai? Innanzitutto devi far tradurre il tuo ebook dall'italiano all'inglese, passo indispensabile per pubblicare il tuo prodotto. In rete troverai tante agenzie di traduzioni che lavorano anche a basso costo.

Di seguito ti lascio qualche link:
- www.teletraduciamo.it;
- www.team-translation.it;
- www.multiterm.it.

Queste, a mio parere, sono le migliori, quelle con un rapporto prezzo/qualità migliore.

Potresti decidere di utilizzare anche un software per traduzioni, ma sinceramente te lo sconsiglio, perché il risultato sarebbe a dir poco penoso. Devi far fare la traduzione a qualcuno competente. Le agenzie ti porteranno via 400 - 500 euro, ma avrai poi tra le mani un prodotto pronto per essere venduto a milioni e milioni di persone. Ovviamente il mercato americano rispetto a quello italiano è molto più esteso, quindi avrai la possibilità di vendere prodotti a più persone.

Se cerchi bene in rete, sono sicuro che troverai anche qualche traduttore freelance o un privato che lo fa a tempo perso. Risparmierai sicuramente tanti soldi, devi solo saper cercare in rete, ma affidati a una persona competente.

Quando avrai l'ebook tradotto, ovviamente dovrai utilizzare un portale di affiliazione. Uno dei più popolari è ClickBank: www.clickbank.com. Ricordati che quando vendi un ebook tramite ClickBank diventi ufficialmente un publisher (editore).

Come publisher puoi far sì che ClickBank inserisca il tuo ebook nel marketplace ("portale") dove chiunque lo potrà promuovere. Tu non devi fare altro che dare una commissione all'affiliato. Puoi fare questo cliccando sul link "My Site", precisamente su "Account Setting" nel tuo account:

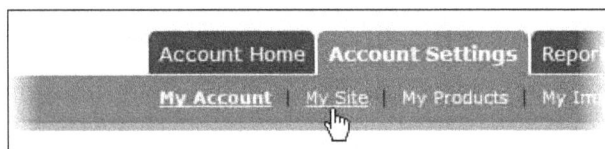

Qui devi inserire la percentuale di commissione che offri al tuo affiliato.

Di solito devi considerare almeno un 50 per cento. Tieni bene a mente che è meglio una piccola percentuale dalla vendita di un affiliato, che non vendere per niente il tuo prodotto... non pensi?

Oltre a ClickBank esiste anche un altro sito americano gratuito con programmi di affiliazione: www.AssociatePrograms.com. Capirai, quindi, che mettere il tuo prodotto in affiliazione potrà portarti ottimi guadagni, senza dover spendere nemmeno 1 euro in pubblicità. Il mio consiglio è quello di iniziare con il mercato italiano, ma nessuno ti impedirà di iniziare la tua carriera anche in quello americano una volta apprese le giuste informazioni.

Continuiamo però il nostro discorso sui possibili metodi di promozione dell'ebook. Hai mai sentito parlare di **joint ventures (jv)**? Una joint venture è **un accordo tra due o più individui per creare un beneficio comune**. Molto spesso il beneficio comune è il profitto. Ci sono vari tipi di jv, ma nel tuo caso serve un partner che promuova il tuo libro in cambio di una parte dei profitti.
Ci sono potenziali partner che hanno migliaia di richieste a settimana, ma quello che serve a te è un partner che sia veramente interessato a promuovere il tuo infoprodotto e questo dipende

esclusivamente dalla proposta che gli farai. Vado a mostrarti, infatti, quale sarà il processo che dovrai svolgere:

- prima cosa: devi trovare gli indirizzi email dei potenziali partner;
- seconda cosa: spedisci un'email di questo tipo:

«Oggetto: [potenziale partner], ti posso fare una proposta?

Ciao [potenziale partner],

sono stato molto colpito dal tuo sito. È ben fatto e mi piace come [inserisci una parte che ti ha colpito del sito]. Sto cercando dei potenziali partner per il mio business online. Dopo aver visto il tuo sito vorrei farti una proposta che ti piacerà molto. Sicuramente sarai molto indaffarato, dunque, dimmi tu se posso mandarti la mia proposta.

Ti ringrazio in anticipo

Sinceramente

Tuo nome»

Se ottieni una risposta positiva, dovrai inviare un'altra email con la proposta vera e propria. Ecco gli elementi da includere nella proposta:

- il nome del tuo ebook (spiega nel dettaglio di cosa si tratta);
- un link per avere una copia gratuita;
- cosa sei disposto a offrire (percentuali, denaro, bonus ecc.).

Nella pagina seguente trovi un esempio di come dovrebbe essere la tua proposta:

«Oggetto: [potenziale partner] La proposta promessa

Ciao [potenziale partner],

grazie per il tuo interesse alla mia idea. Non ti voglio far perdere tempo, dunque vado subito al sodo. Ho appena terminato un ebook intitolato [nome del tuo ebook]. È incentrato su [spiegare l'argomento trattato] e devo dire di esserne soddisfatto. Se vuoi, lo puoi scaricare gratuitamente al seguente url (per favore tienilo segreto): [url per lo scaricamento del prodotto].

Quello che ti propongo è semplice:

- promuovere il mio libro per il 75 per cento (vendo su ClickBank, quindi ti pagheranno ogni due settimane);
- promuoverò un tuo prodotto nella pagina dei ringraziamenti;
- promuoverò un altro tuo prodotto sulla lista degli acquirenti che farò in seguito.

Fammi sapere cosa ne pensi.

Grazie per il tuo tempo e attendo tue notizie»

Troverai di sicuro un partner per una jv (o più di uno). Adesso che conosci diverse strategie è ora di combinarle tra loro. Ci sono molteplici possibilità, come ad esempio questa:

- scrivi brevi articoli di 300 parole e distribuiscili su internet, in più posti possibili. Ricordati di inserire questi articoli anche in forum di settore (stesso argomento);

- crea un video che poi pubblicherai su www.YouTube.com. Quando comincerai ad avere qualche risultato, allora crea anche un comunicato stampa.

- nel frattempo usa i portali di affiliazione e cerca dei partner commerciali per fare business insieme.

Visto come funziona? È facile, vedrai! Combinare le strategie porta sempre a buoni risultati e aiuta la commercializzazione del tuo prodotto. Una volta che avrai creato e iniziato a vendere il tuo ebook, potrai ripetere questa operazione di nuovo e scriverne quanti ne vuoi.

Molti imprenditori su internet hanno iniziato così, per poi costruire un enorme impero nella pubblicazione di infoprodotti. Una volta entrato nel mercato dell'ebook, vedrai che esiste un enorme mercato dell'informazione. Potrai prendere grossi profitti anche da piccole relazioni di 10 - 12 pagine. Infatti, non dovrai per forza creare un ebook da 200 pagine, ma potrai tranquillamente iniziare con un piccolo ebook da 15 - 20 pagine! Ci vuole veramente poco a scrivere 20 pagine, l'importante è inserire informazioni che valgono. Inoltre, potrai vendere un piccolo report a pochi euro, ad esempio a 5 o 7 euro.

Come vedi mi sono dilungata più del previsto per ciò che riguarda il business degli infoprodotti, questo perché lo reputo uno dei migliori e secondo me dovresti rifletterci su. Ovviamente il mondo dell'internet marketing non si basa solo sulla rivendita degli infoprodotti, puoi decidere di vendere qualsiasi cosa, come ad esempio veri e propri oggetti.

Grazie a internet i negozi online aumentano a dismisura e tutti trovano qualcosa da poter vendere per poter guadagnare. Per vendere un oggetto hai diverse possibilità: puoi aprire un negozio online (se sei alle prime armi, non te lo consiglio), oppure trovare i giusti canali, come ad esempio eBay.

Come guadagnare con eBay

Chi non conosce eBay? eBay è il più famoso sito di aste online, arrivato in Italia circa 10 anni fa. Si tratta di una piattaforma che offre ai propri utenti la possibilità di vendere e comprare oggetti sia nuovi che usati, in qualsiasi momento, da qualunque postazione internet e con diverse modalità, incluse le vendite a prezzo fisso e a prezzo dinamico, comunemente definite come "aste online".

Diversi sono i formati di vendita (asta, compralo subito, compralo subito con proposta di acquisto, contatto diretto). La vendita consiste principalmente nell'offerta di un bene o un servizio da parte di venditori professionali e non; gli acquirenti fanno offerte per aggiudicarsi la merce. Vengono applicate tariffe, interamente a carico dei venditori, sia per pubblicare un qualsiasi tipo di inserzione sia quali commissioni sul valore finale dell'oggetto venduto. È obbligatoria l'iscrizione gratuita al sito.

Qualunque acquirente può essere anche venditore dopo aver fatto una verifica tramite l'inserimento di un codice che eBay invia presso l'abitazione dello stesso, oppure tramite il controllo con inserimento dei dati della carta di credito o di una carta prepagata. eBay può portarti a ottimi profitti, ma non è facile da sfruttare. Se hai oggetti in casa che non utilizzi più, può essere un modo per rivendere questi oggetti e guadagnare quindi qualche soldo extra.

Un'altra cosa, invece, è quella di utilizzare eBay per la propria professione. Se sei già un commerciante, puoi decidere di aprire un negozio online e iniziare a rivendere i tuoi prodotti tramite questo portale. Se non sei un commerciante, potresti pensare di diventarlo, ma fai bene attenzione: vendere con eBay non è poi così facile.

Infatti, eBay è un portale difficile, dove la concorrenza è spietata, per questo devi scegliere bene la categoria di prodotti che poi andrai a rivendere. eBay è anche una piattaforma abbastanza costosa, sono previste, infatti, le tariffe per creare l'inserzione e la percentuale sulla vendita dell'oggetto.

Oltre a questo, bisogna considerare anche che su eBay c'è tanto riciclaggio di merce rubata o non originale. Questo ovviamente crea moltissima concorrenza sleale. Pensa, infatti, di aprire un negozio di borse su eBay. Quanto pensi di vendere? Trovi borse firmate a prezzi stracciati, ovviamente si tratta quasi sempre di falsificazioni, ma quello che interessa a te è il fatto che con prezzi così bassi difficilmente riuscirai a vendere qualcosa. Dovresti, quindi, scegliere una categoria di prodotti non soggetta a contraffazione.

Ti dico questo perché è giusto che tu sappia dove stai andando a lavorare e come iniziare nel modo corretto. Ad esempio, un buon settore è quello vinicolo. Vendere vini su internet (puoi farlo anche in tutto il mondo) può portarti davvero a grandi risultati. eBay rappresenta, quindi, una grande opportunità di guadagno online, ma devi intraprendere questo business con serietà e impegno e, soprattutto, fare molta attenzione nella scelta del tuo business.

Scegli settori dove le contraffazioni non possono ostacolare il tuo mercato, oppure scegli di diversificare la tua merce. Cerca quindi di creare inserzioni per gli oggetti più vari e impensabili, così facendo avrai sicuramente successo.

RIEPILOGO DEL CAPITOLO 3:

- SEGRETO n. 9: libera la mente da ogni pensiero negativo, così facendo le idee per scrivere un libro verranno automaticamente senza alcun problema.

- SEGRETO n. 10: scrivere su di un blocchetto l'obiettivo che vuoi realizzare, con tanto di immagine, e averlo sempre davanti ai tuoi occhi ti aiuterà a focalizzare meglio l'obiettivo e a mettere più impegno nel tuo lavoro.

- SEGRETO n. 11: creare un video con argomenti interessanti, inserendo alcune informazioni utili e gratuite riguardanti il proprio sito e inserire all'interno del video l'indirizzo della propria pagina web per avere maggiori informazioni a riguardo.

- SEGRETO n. 12: scrivere un comunicato stampa inserendo accuratamente ogni dettaglio relativo al proprio sito e un titolo accattivante in non più di 80 caratteri. Esaltare ogni vantaggio che l'utente può trarre dal prodotto.

CAPITOLO 4:

Come Guadagnare con l'Email Marketing

L'email marketing è uno strumento di vendita potente ed estremamente importante, su questo non ci piove. Oggi molte aziende utilizzano ancora il volantinaggio, un piccolo pezzo di carta che contiene una promozione, inviato nella cassetta della posta di migliaia di persone. Perché ancora viene usato il volantinaggio? Perché funziona, nonostante abbia molti aspetti negativi rispetto all'email marketing (è molto costoso, senza contare che la consegna non è affatto sicura!).

L'email marketing funziona in modo simile, solo che è

praticamente a **costo zero**, e puoi essere sicuro al 100 per cento che l'email arriverà al destinatario, e anche in modo immediato! L'email marketing si dimostra estremamente competitivo perché, a fronte di una spesa pari quasi a zero, produce dei risultati soddisfacenti, tanto che si prospetta una forte crescita del mercato in questione.

Naturalmente è indispensabile inviare un'email promozionale a chi è davvero interessato al tuo prodotto, altrimenti poi l'email marketing perde notevolmente di efficacia. Per lavorare bene con l'email marketing è quindi indispensabile creare una propria lista di potenziali clienti. Questo aspetto è quindi fondamentale. Infatti, è importantissimo inviare un messaggio promozionale il più personalizzato possibile per ottenere risultati migliori in termini di tasso di apertura delle email e tasso di conversione (vendite). Gli utenti si dimostrano più disponibili ad aprire e leggere email che contengono la descrizione dei prodotti e servizi al loro interno e che siano prodotti per loro davvero interessanti.

Oggi l'email marketing è uno strumento di fondamentale importanza, di fatti quasi il 60 per cento delle aziende lo usa e anche il restante 40 per cento è pronto a usarlo in un prossimo futuro.

L'email marketing diventa quindi uno strumento di marketing fondamentale in quanto tutte le altre forme di promozione hanno numerosi aspetti negativi. Pensa, ad esempio, il pay per click (ppc), per determinati settori ha dei costi esorbitanti, spesso si arriva a pagare un solo click anche più di 2 euro, non è forse esagerato?

Possiamo promuovere i nostri siti tramite il posizionamento (seo), ma spesso sono necessari mesi (se non anni) per ottenere risultati appena sufficienti, per nulla garantiti e con costi che spesso superano le migliaia di euro. In alternativa ci sono le fonti di traffico gratuite, come ad esempio gli aggregatori, i siti di scambio link, gli annunci ecc., ma, essendo appunto gratuiti, per raggiungere un discreto numero di visite c'è da lavorare davvero molto.

L'email marketing, invece, ti rende visibile in modo immediato (quanto dipende ovviamente da quanti indirizzi email avrai) a costo zero, ma anche con questo strumento dovrai seguire delle regole importanti per non fallire. L'email marketing è un ottimo modo per promuovere la tua attività senza dover spendere soldi, inoltre, è in media 20 volte più conveniente rispetto alla posta tradizionale!

Al contrario della posta convenzionale, l'email viene consegnata in modo rapido e puoi vedere risultati pressoché immediati! È inoltre possibile tenere traccia delle email inviate. Una campagna di email marketing può, infatti, fornirti molti dati utili per le tue campagne pubblicitarie. Potrai vedere il numero di email aperte, potrai vedere anche il numero di click ricevuti sui tuoi link. Il **ctr** individua il numero di persone che hanno cliccato sul link contenuto nella tua email promozionale. Questo link porterà l'utente sul sito di vendita, dove potrà procedere con l'acquisto del tuo prodotto o servizio.

L'email marketing è un efficace strumento promozionale, potrai raggiungere un grande numero di potenziali clienti con un solo click del mouse. Se non hai prodotti tuoi, puoi usare l'email marketing anche per promuovere prodotti di altre persone, sfruttando le affiliazioni. Creando una tua lista di clienti fidelizzata, potrai aumentare notevolmente il numero di vendite, creando, anche, una sorta di rapporto di fiducia tra te e l'utente che è indispensabile per raggiungere buoni risultati.

Un'ottima strategia per far conoscere e rendere più popolare e visibile un sito web commerciale è pianificare un'efficace e costante email marketing. Non sempre il successo e il raggiungimento dell'obiettivo sono garantiti, nonostante tutte le nostre migliori intenzioni e la buona volontà che abbiamo messo nel progetto iniziale. Infatti, ci sono alcune variabili da considerare.

Qui di seguito sono riportati alcuni elementi da ricordare che ci aiuteranno a pianificare e rendere più redditizie le nostre email marketing.

1) Il fattore più importante di tutti consiste nell'inviare i nostri messaggi email a un gruppo di destinatari che siano potenzialmente interessati ai nostri prodotti/servizi. Non serve a molto, infatti, inviare le nostre promozioni e offerte a persone che difficilmente acquisteranno i nostri prodotti o che non si collegheranno mai al nostro portale. Per cui, il mio consiglio è di programmare un invio targhetizzato a una determinata nicchia di mercato e non generalizzare troppo la cosa a un mercato più vasto.

2) Offrire qualcosa a chi legge con un messaggio conciso, concreto e dotato di carattere. Questo è il modo migliore per attirare l'interesse del lettore della nostra email. I testi lunghi, pesanti e ridondanti creano noia e allontanano i clienti. Cerca quindi di andare al sodo con un linguaggio il più chiaro e semplice possibile, senza troppi giri di parole.

3) Agevolare la risposta. Spesso per mancanza di familiarità con questo genere di promozioni i potenziali clienti tendono a rimandare la risposta o l'azione da compiere, semplicemente perché non sanno come rispondere. Agevoliamoli e guidiamoli, ad esempio, con una frase ben visibile del tipo «rispondi al seguente messaggio», «visita il nostro sito web all'indirizzo seguente» o «chiama il nostro numero verde» o «contattaci su skype».

4) Se si vogliono ottenere molte risposte offriamo gratuitamente qualcosa di valore. Un ebook, un articolo esclusivo che non potranno leggere da nessuna parte, sconti, bonus o qualsiasi altra cosa che abbia a che fare con i nostri prodotti o servizi: sono tutti strumenti adatti a questo scopo e sicuramente incuriosiscono e invogliano di più l'utente.

5) Assicuriamoci che l'ampiezza del testo non superi i 64 caratteri tra i due margini laterali. In questo modo non si corre il rischio che il testo venga tagliato quando sarà visualizzato nel gestore di posta elettronica del destinatario in questione. **Questo sarebbe veramente un clamoroso autogol!**

6) Non dimenticarsi di inserire in fondo al messaggio il proprio indirizzo postale, contatto skype, numero di telefono ecc. Con questi strumenti saremo in grado di creare maggiore credibilità e professionalità e il destinatario si sentirà rassicurato sapendo che dietro al messaggio elettronico c'è una persona fisica in carne e ossa pronta a rispondere alle sue domande o dubbi, o semplicemente desidera ricevere ulteriori informazioni e ragguagli più specifici.

Con queste informazioni importanti dovresti migliorare notevolmente il tuo email marketing. Cerca di sfruttarle al meglio, ricordati che la migliore garanzia di successo è fare tutto in modo pulito, etico e professionale. In questo modo, sia noi che i nostri clienti possiamo godere a pieno dei nostri risultati. Indipendentemente dal settore puoi quindi usare l'email marketing per guadagnare con internet.

Voglio dirti, però, che non sempre chi realizza una campagna di email marketing ha le idee chiare riguardo all'approccio migliore per farsi leggere.

SEGRETO n. 13: offri all'utente un prodotto di valore in modo gratuito. In questo modo l'utente sarà grato e dunque più propenso all'acquisto di altri prodotti.

Gli errori da evitare per non incorrere nello spam

Ci sono regole che è necessario seguire ed errori che è meglio evitare. Ma quali sono? Ecco alcuni importanti suggerimenti per non trasformare la tua campagna di email marketing in spamming.

La tentazione di inviare offerte tramite web ce l'hanno un po' tutti. Un naturale richiamo verso la cosiddetta campagna email marketing non lo sentono solo le aziende ma anche professionisti, artisti o chi cerca lavoro. Spesso e volentieri, più che una campagna di email marketing la pratica dovrebbe chiamarsi spamming. La valanga di posta indesiderata è tale che addirittura si cancella tutto ciò che è in odore di pubblicità. Oggi i molti che ricorrono alla campagna email marketing si lamentano dei risultati.

Se fino a un paio di anni fa la redemption (tasso di consegna) di una campagna di email marketing arrivava a punti percentuali, ora i punti si contano a livello di migliaia se si è fortunati. Da cosa dipende? Il numero di persone che ricorre all'email marketing è smisuratamente aumentato e con esso i software per catturare e inviare offerte commerciali. È cresciuta pure l'insofferenza degli utenti. Così chi ha un account di posta cerca di difendersi dallo spamming come può, ad esempio adottando software appositi, accorgimenti e, in alcuni casi, facendo vere e proprie denunce.

Considerando questi presupposti, qualcuno si domanderà se conviene ancora effettuare una campagna email marketing. Certamente! Ma quando si fa email marketing non si devono commettere alcuni errori che possono penalizzarti a livello di immagine. Ora ti mostrerò come.

Campagna email marketing con richiesta di consenso: è un trucco vecchio al quale ricorre chi è privo di immaginazione. Si chiede un consenso a inviare materiale pubblicitario, ma già nella mail nella quale lo si chiede viene fatta l'offerta. La mail è chiaramente subdola, nonché un affronto all'intelligenza altrui.

Che sia spamming non ci piove, dal momento che nella maggior parte dei casi a distanza di settimane o di mesi si riceve la stessa mail anche senza aver risposto o addirittura aver risposto con richiesta di cancellazione. Se ci tieni ad avere risultati con l'email marketing, non inviare una mail con oggetto «richiesta di consenso».

Campagna email marketing con oggetto newsletter: la campagna con oggetto newsletter prevede l'invio di email gratuite a coloro che l'abbiano richiesto. All'interno di essa devono essere presenti informazioni utili oppure delle novità commerciali. In essa, infatti, sono presenti link verso i siti interessati dall'utente che ha dato il consenso a ricevere le news. Se hai una newsletter, è sconsigliabile fare una campagna email marketing inviandola a destinatari non iscritti. Soprattutto è sconsigliabile se in realtà la tua mail è pubblicità camuffata da newsletter. A mio parere le newsletter devono contenere solo notizie utili e informative, non delle proposte commerciali.

Oggigiorno si ricevono newsletter da chi vende carrelli elevatori, bandiere, taglia erba ma anche da artigiani intraprendenti come falegnami o idraulici. Insomma, chi è proprio a corto di idee e intende fare spamming dovrebbe almeno essere coerente per evitare di rendersi ridicolo.

Campagna email marketing con allegati: questa campagna prevede l'invio di email con allegati inerenti all'email pubblicitaria inviata. Un uso che, grazie al cielo, sta scomparendo è l'invio di allegati quando il destinatario viene contattato per la prima volta e comunque in assenza della sua autorizzazione. Alcuni, appena sbarcati sul web, addirittura allegano files con dimensioni troppo grandi, dimenticandosi che ancora vi sono molte aree in Italia non coperte da adsl. Si dimenticano, inoltre, o non sanno, che la gente già apre raramente le mail pubblicitarie, figurarsi gli allegati!

Quando si fa una campagna email marketing rivolta a destinatari sconosciuti è consigliabile riportare direttamente nel corpo della mail l'offerta o, se proprio questo non fosse possibile, allora è meglio chiedere un consenso preventivo.

Campagna email marketing con l'utilizzo della grafica: la campagna email marketing con l'utilizzo della grafica prevede l'invio di email contenenti immagini per la propria pubblicità. Soprattutto quando la mail è inviata a destinatari sconosciuti, immagini e grafica (anche se belle) sono da evitare. La maggior parte non le scarica neanche perché le classifica immediatamente come posta indesiderata. In un primo contatto è sempre preferibile l'invio di una mail con semplice testo, quelle, per intendersi, che riceviamo ogni giorno da amici e conoscenti. Se l'oggetto è pensato con attenzione si hanno molte più possibilità di essere letti.

SEGRETO n. 14: è preferibile inviare semplici email di informazione scritte in modo semplice e chiaro senza alcuna grafica pubblicitaria o allegati troppo grandi.

Come si fa una buona campagna email marketing? Non è un segreto. Già nel direct marketing tradizionale veniva adottato il principio fondamentale della profilazione del potenziale cliente. Più il cliente ha le caratteristiche giuste per acquistare il tuo prodotto, maggiori possibilità avrai di conquistarlo. Oltre a questo, il vantaggio di avere email profilate è quello di poter personalizzare la mail. Se vendi mozzarelle di bufala e hai indirizzi email di ristoranti, alberghi e supermercati, puoi personalizzare maggiormente il messaggio con motivazioni diverse per ognuno dei tre settori.

In questo caso, oltre a non avere alcun rischio di spamming e denunce, si ottiene un alto indice di lettura e riscontro. È vero che non sempre è così semplice individuare il proprio target: chi vende mobili o auto, ad esempio, farà fatica a individuare email di potenziali clienti. Ma anche in questi casi ci sono strategie che pagano maggiormente rispetto allo spamming. Quali sono?

Un sistema è quello di personalizzare il testo mail in relazione al target contattato. Invece di inviare una mail uguale per tutti si cerca di comprendere le motivazioni che possano far leggere l'offerta a un professionista o un artigiano. Maggiore è la creatività e l'abilità di scrittura, migliore sarà il risultato. Altro sistema è quello di ricorrere alla sponsorizzazione di newsletter a target o la partecipazione a newsgroup. Ci sono anche strategie di web marketing che permettono addirittura di far registrare spontaneamente un'email proprio da coloro che si desidera raggiungere.

SEGRETO n. 15: inviare email solo a un target ben preciso di utenti, quelli interessati al nostro settore, e personalizzarle in base alle diverse esigenze.

Strategie queste da studiare caso per caso e spesso complesse ma che, alla lunga, fanno risparmiare molto più denaro e risorse rispetto allo spamming. Pensa all'email marketing come a un business **immortale**. Questo tipo di business non morirà mai, è il futuro, e senza una tua lista di potenziali clienti non potrai mai andare da nessuna parte. L'email marketing è quindi un business duraturo e profittevole, te lo consiglio con tutta me stessa.

RIEPILOGO DEL CAPITOLO 4:

- SEGRETO n. 13: offri all'utente un prodotto di valore in modo gratuito. In questo modo l'utente sarà grato e dunque più propenso all'acquisto di altri prodotti.

- SEGRETO n. 14: è preferibile inviare semplici email di informazione scritte in modo semplice e chiaro senza alcuna grafica pubblicitaria o allegati troppo grandi.

- SEGRETO n. 15: inviare email solo a un target ben preciso di utenti, quelli interessati al nostro settore, e personalizzarle in base alle diverse esigenze.

CAPITOLO 5:

Come Guadagnare con il Forex

Il forex ultimamente è molto presente nel web, sembra quasi che vada di moda da un anno a questa parte. Vediamo nel dettaglio che cos'è questo forex.

Il **For**eign **Exc**hange Market (forex) rappresenta il mercato internazionale delle valute. Si tratta del mercato finanziario più grande al mondo, perché è un mercato in cui si incontrano venditori e compratori di valute (monete) da ogni continente. Il mercato forex non è un mercato vero e proprio, perché le contrattazioni non si svolgono in un luogo fisico, ma esclusivamente per via telematica, quindi solo tramite internet o per telefono, 24 ore su 24, dal lunedì al venerdì.

Inizialmente questo mercato era riservato solo a istituti di credito, banche centrali, multinazionali e società di brokeraggio, oggi invece chiunque può guadagnare con il forex, anche i singoli investitori privati. Negli ultimi anni il ruolo della speculazione pura sul forex ha assunto rilevanza sempre crescente, al punto che oggi circa il 90 per cento delle transazioni su questo mercato sono esclusivamente di natura speculativa (**per fare soldi**).

Il forex viene considerato come il più grande mercato finanziario al mondo per il suo enorme numero di scambi. Le possibilità di guadagno sul forex sono basate sul fatto che ogni valuta nazionale può essere considerata un bene vero e proprio, esattamente come la farina, lo zucchero o il petrolio. Dunque, la valuta rappresenta un mezzo di scambio, come l'oro o l'argento. A causa, quindi, dei rapidi cambiamenti che si verificano in tutto il mondo, il valore di una valuta cambia repentinamente rispetto alle altre e si può guadagnare da questi continui movimenti.

Nelle pratiche bancarie esistono dei codici speciali e delle abbreviazioni: ad esempio, il tasso di cambio per il dollaro americano in yen giapponesi si esprime con la definizione **usd/jpy**, la sterlina inglese in yen **gbp/jpy**. Il primo codice si riferisce alla valuta di base, la seconda alla valuta di cambio. Usd/Jpy = 120.25

Con un dollaro americano si acquistano 125.25 yen. Questa abbreviazione indica quanti yen dovrai pagare per avere un'unità della valuta base (nel nostro esempio, 120.25 yen giapponesi per un dollaro americano). Ogni piccola variazione del mercato prende il nome di "**pip**". Se, ad esempio, il valore dell'euro rispetto al dollaro Usa varia da 1.4785 a 1.4786, quest'ultimo cresce di 1 pip. Ogni variazione riguardo alla coppia di valute, ogni singolo pip, rappresenta per te un **guadagno** oppure una **perdita**.

Qui sotto troverai un piccolo dizionario dei termini più diffusi in questo settore; ti consiglio quindi di leggere con attenzione per comprenderli al meglio.

Bid (richiesta): è la cifra alla quale puoi vendere la valuta di base.

Ask (offerta): è la cifra alla quale puoi comprare la valuta di base.

Long (buy): apertura di una posizione di acquisto di valuta.

Short (sell): apertura di una posizione di vendita di valuta.

Spread: è la differenza tra il prezzo della richiesta e il prezzo dell'offerta (bid e ask).

Margine di trading: per poter operare nel forex è necessario avere un certo margine. Puoi, ad esempio, aprire una posizione da 100.000 $ con un margine minimo del 2 per cento, che corrisponde esattamente a 2.000 $. Questo significa che un cliente con un deposito di denaro minimo potrà comunque operare con una grande quantità di denaro.

Leva: è il termine usato per descrivere la percentuale di margine richiesta. Ogni broker richiede, infatti, un margine minimo (1:20, 1:40, 1:50, 1:100). Con una leva di 1:100 si indica che per aprire una nuova posizione di acquisto o vendita avrai bisogno dell'1 per cento della cifra investita. Un'operazione da 100.000 dollari richiede, ad esempio, un margine di 1.000 dollari.

Tasso di cambio: è il valore di una valuta confrontato con il valore di una valuta di un altro paese. Tale valore dipende dalla domanda e dall'offerta sul libero mercato e può essere ristretta dal governo o dalla banca centrale.

Lotto: è uno standard fisso di quantità di valuta. Sul forex si commercia in lotti, e un lotto intero contiene 100.000 unità di valuta.

Take profit (prendi profitto): è un limite di prezzo da impostare in ordini già aperti. Questo limite di prezzo permette di raccogliere il profitto dell'operazione in modo automatico. L'operazione verrà automaticamente chiusa quando il prezzo della valuta arriverà al valore impostato.

Stop loss (blocca perdita): è un limite di prezzo da impostare in ordini già aperti. Questo limite di prezzo permette di limitare l'eventuale perdita nell'operazione aperta, la quale verrà automaticamente chiusa quando il prezzo della valuta arriverà al valore impostato.

SEGRETO n. 16: impostare sempre uno stop loss anche se si è davanti al pc. In questo modo si limiteranno le perdite, nel caso ci siano, evitando di perdere troppi soldi.

Ogni coppia di valute si muove **sempre** in base a una propria **tendenza**. Il mercato non si muove mai in modo lineare, ma si muove con continue oscillazioni, e questi movimenti creano una vera e propria tendenza con il passare del tempo.

Esistono tre tipi di tendenze:

- **tendenza al rialzo** (rialzista), quindi i prezzi della valuta salgono;

- **tendenza al ribasso** (ribassista), quindi i prezzi della valuta scendono;

- **tendenza piatta o lineare** (laterale), quindi i prezzi della valuta fluttuano senza tendenza.

Nonostante questo, nessun movimento di prezzo può essere lineare. Il mercato si muove sempre e continuamente con oscillazioni, è praticamente impossibile vedere un grafico piatto.

TREND RIALZISTA

TREND RIBASSISTA

TREND LATERALE

Esistono 3 diverse tipologie di grafico per descrivere i movimenti dei prezzi di una coppia di valute:

1) grafico a colonne

Questo è il tipo di grafico più comune. È rappresentato da colonne verticali che mostrano le variazioni di prezzo all'interno di un periodo di tempo definito.

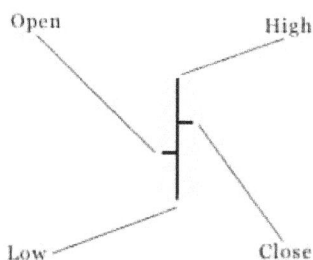

2) grafico a candele

Anche questo è un tipo di grafico molto comune ed è costruito esattamente come un grafico a colonne. La distanza tra il prezzo di apertura e chiusura è data nella forma della candela stessa. Se la chiusura è più alta dell'apertura il corpo della candela sarà colorato di bianco, al contrario, se la chiusura è più bassa dell'apertura il corpo della candela sarà nero.

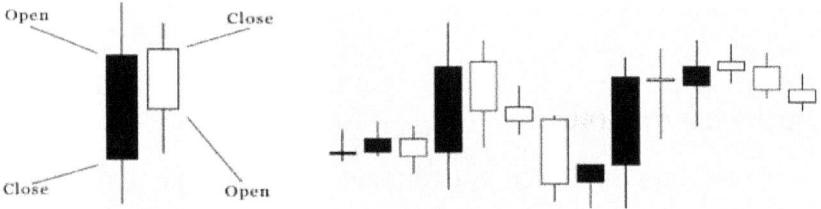

3) grafico in linee

Questo grafico è il più semplice da interpretare ed è formato solo da una linea semplice.

SEGRETO n. 17: per operare nel mercato forex è indispensabile avere un conto di trading, altrimenti non si possono aprire operazioni sul mercato.

Voglio precisare che un conto di trading non ha niente a che vedere con un tradizionale conto bancario o postale. Dovrai quindi aprire un conto di trading presso un qualsiasi broker (intermediario).

Un broker è una società intermediaria che ti permette di operare attivamente nel mercato forex e ti fornisce una vera e propria piattaforma di lavoro che sfrutterai per operare nel mercato. La piattaforma che ti consiglio di utilizzare prende il nome di MetaTrader4 (MT4). Molti brokers utilizzano questa famosa piattaforma, sicuramente la più professionale e affidabile mai creata. A mio parere i migliori brokers che utilizzano la piattaforma MetaTrader 4 sono i seguenti:

- www.avafx.com/it;
- www.gfcmarkets.com/it;
- www.alpari.co.uk.

Dovrai, quindi, aprire un conto di trading presso un broker che utilizza come piattaforma MetaTrader4, ma non devi scegliere obbligatoriamente tra quelli che ti ho appena elencato, scegli invece quello più adatto alle tue esigenze.

Adesso però, come prima cosa, **ti consiglio di aprire subito un conto dimostrativo**. È indispensabile per fare un po' di pratica, prima di iniziare a fare trading con denaro vero. Un conto dimostrativo è identico in tutti gli aspetti a un conto reale, avrai le stesse funzioni, tranne per il fatto che i profitti e le perdite saranno ovviamente virtuali. Lavorando da subito con un conto demo dimostrativo non avrai rischi, ma potrai comunque fare esperienza nel mercato forex in tempo reale, analizzare il mercato e aprire posizioni vere, visualizzare le quotazioni delle valute in tempo reale, sviluppare il tuo sistema di gestione del capitale e fare esperienza nell'utilizzo della piattaforma MT4.

SEGRETO n. 18: iniziare con un conto dimostrativo in modo da poter fare pratica per almeno 30-60 giorni, così da evitare eventuali errori che potrebbero far perdere soldi.

Per scaricare subito **gratuitamente** la piattaforma MetaTrader4 fai click su questo link www.metatrader4.com/files/mt4setup.exe. A questo punto dovrai compilare un modulo di iscrizione gratuita per completare l'installazione della piattaforma. Al termine dell'iscrizione avrai a disposizione diverse migliaia di dollari virtuali con i quali iniziare a operare attivamente e in tempo reale nel forex.

Grazie a internet, investire nel mercato dei cambi è diventato più semplice. L'investimento online nel forex è stato reso dalle nuove tecnologie assolutamente interessante e la facilità con cui si accede a questo immenso mercato ha contribuito a renderlo il più liquido al mondo. L'informatica ha reso disponibili molte informazioni che prima avevano a disposizione solo i professionisti, come ad esempio i brokers. Con una connessione a internet e con gli strumenti adeguati oggi è possibile prendere decisioni sempre migliori nelle negoziazioni e negli scambi di valuta.

I vantaggi del commercio online nel forex sono i seguenti:
- guadagnare sia se il mercato sale sia se scende;
- poter fare trading 24 ore su 24, cinque giorni a settimana dal lunedì al venerdì, il che offre la possibilità di scegliere l'orario di trading più comodo in base ai propri impegni;
- iniziare a fare trading anche con un investimento minimo, come 100 euro.

Tutte le informazioni sul mercato forex sono liberamente accessibili e assolutamente gratis. L'aspetto negativo di investire nel forex è che bisogna fare estrema attenzione. Il mercato valutario non è un gioco d'azzardo e non deve essere praticato con tale idea, è necessario prepararsi e fare esperienza iniziando magari con un conto demo.

Il forex rappresenta senza alcun dubbio una grande opportunità di guadagno che oggi la rete ci offre, però stiamo parlando di un settore particolare, un settore che deve essere preso seriamente e con estrema attenzione. Serve quindi preparazione, esperienza, strumenti adeguati per affrontare il mercato in modo ottimale, con il giusto spirito, per poter guadagnare e non perdere soldi. Ti consiglio quindi questo tipo di business, ma prima di iniziare fai tanta pratica, studia, informati, segui forum e blog del settore.

RIEPILOGO DEL CAPITOLO 5:

- SEGRETO n. 16: impostare sempre uno stop loss anche se si è davanti al pc. In questo modo si limiteranno le perdite, nel caso ci siano, evitando di perdere troppi soldi.

- SEGRETO n. 17: per operare nel mercato forex è indispensabile avere un conto di trading, altrimenti non si possono aprire operazioni sul mercato.

- SEGRETO n. 18: iniziare con un conto dimostrativo in modo da poter fare pratica per almeno 30-60 giorni, così da evitare eventuali errori che potrebbero far perdere soldi.

CAPITOLO 6:

Come Guadagnare con il Mlm

Il multilevel marketing (**mlm**), network marketing, vendita multilivello, o marketing multilivello è un metodo di distribuzione di prodotti o servizi che permette a un distributore o venditore di crearsi una rete di distribuzione (una serie di persone che collaboreranno con te e che venderanno a loro volta prodotti e servizi, e ti permetteranno di guadagnare una percentuale anche sulle loro vendite) senza consistenti investimenti in denaro.

Solitamente, i singoli individui acquistano una licenza identificativa, un "codice" al quale vengono collegate provvigioni, e i sottodistributori possono svolgere attività di vendita indipendente per conto dell'azienda principale.

Il concetto base del **mlm** è che i guadagni sono direttamente proporzionali al tipo, alla quantità e qualità di lavoro svolto. I distributori vengono ricompensati in base ai beni o servizi distribuiti direttamente o da terzi nella loro rete di distribuzione, in percentuale sul fatturato globale dell'organizzazione, per differenza e a scaglioni.

Potenzialmente i guadagni sono anche molto elevati, ma devono scontrarsi con le difficoltà di creazione di un network di vendita. È paragonabile a un sistema di franchising, ma non presenta per l'azienda elevati costi di implementazione e gestione offrendo però una maggior flessibilità. Nel multilevel marketing vengono distribuiti prodotti di tutti i tipi e gli affiliati non devono necessariamente fare direttamente uso di tali prodotti, anche se è consigliato per migliorare il clima di "fiducia" nei "consigli di acquisto" che il venditore fa ai potenziali compratori.

SEGRETO n. 19: prima di vendere qualsiasi tipo di prodotto bisogna testarlo e usarlo personalmente. In questo modo il potenziale acquirente avrà la sicurezza della funzionalità del prodotto.

Ogni diversa azienda che usa il **mlm** come sistema di distribuzione ha un diverso sistema di remunerazione dei propri distributori e di conseguenza diversi sistemi di formazione. Se negli accordi non è previsto un prodotto da pubblicizzare e distribuire, si tratta di una cosiddetta catena di sant'Antonio, ritenuta illegale.

La legislazione italiana non definisce esplicitamente il mlm, ma pone norme volte a evitare strutture piramidali. Il multilevel marketing di per sé non è quindi illegale, ma solo se l'attività ha come unico scopo la vendita (o rivendita) di prodotti o servizi. Se al contrario il mlm è collegato al reclutamento di persone, tale attività diviene illecita.

Il mlm quindi ti può far guadagnare anche bene, ma devi fare attenzione alle aziende a cui ti rivolgi. Solitamente questo tipo di marketing viene sfruttato da aziende che non vendono i propri prodotti nei negozi tradizionali. Si tratta quasi sempre di prodotti per il benessere e la salute, per la perdita di peso, cosmetici e profumi, prodotti per la casa ecc.

Potresti così considerarti una sorta di rappresentante online, con la possibilità però di creare una rete di vendita sotto di te. Guadagnerai quindi due volte: sia dalla vendita diretta (tue vendite), sia dalla vendita indiretta (vendite dei tuoi subaffiliati). Ti consiglio il multilevel marketing se, ad esempio, sei una mamma e passi molto tempo a casa, se sei una persona che ha molti contatti (amici, familiari ecc.), perché potresti coinvolgere queste persone in questo tipo di attività, e creare una grande rete di vendita.

Questo che ti ho appena indicato è un business che ti permette di guadagnare soldi extra ogni mese impiegando poco tempo davanti al pc e non ti richiede un'esperienza particolare. Oltre al mlm, esiste anche un altro business in grado di farti guadagnare soldi extra ogni mese, ovvero i sondaggi.

Come guadagnare con i sondaggi

Questo è uno dei metodi di guadagno più famosi, datati e gettonati del web. Impossibile non aver mai sentito parlare della possibilità di guadagnare semplicemente rispondendo a dei sondaggi. In U.S.A. questo lavoro è molto diffuso, perché le società che lo praticano sono davvero numerose e i profitti sono anche più che discreti. In Italia le cose però non sono proprio come negli Stati Uniti d'America. Dobbiamo, infatti, capire quali sono le società serie, quelle che effettivamente pagano le persone per partecipare ai sondaggi (ti possono pagare in buoni sconto, soldi, premi ecc.). Tutt'al più, partecipare ai concorsi online potrebbe farti vincere dei premi (anche qui bisogna però controllare che i concorsi a cui partecipi siano seri, validi, in regola con le leggi italiane).

Dunque, si può davvero guadagnare con i sondaggi? Per la verità io non parlerei proprio di guadagnare, ma come dicevo prima parlerei piuttosto di "arrotondare lo stipendio" o meglio ancora di "pagarsi qualche ricarica telefonica", magari ricevere un libro da leggere o un prodotto da testare o esprimere il proprio parere per migliorare un prodotto o un servizio.

Le società che si occupano di reclutare persone che intendono dedicarsi ai sondaggi, spesso ti mostrano un questionario da compilare al momento dell'iscrizione, dove dovrai indicare i tuoi interessi, le tue preferenze, le abitudini ecc. In base a queste informazioni i sondaggi che vengono commissionati dalle aziende si smistano a seconda della categoria di appartenenza. I sondaggi rappresentano sicuramente un'opportunità di guadagno valida, ma anche in questo caso dovrai lavorare molto per arrivare a ottenere ottimi risultati. Se però conosci un po' di inglese, allora puoi sfruttare i portali americani, che spesso arrivano a pagare anche molti dollari per un piccolo sondaggio da 10 minuti.

Come ho già ripetuto, consiglio i sondaggi se non hai tempo a disposizione e vuoi comunque guadagnare da casa. Ma i sondaggi non sono l'unico metodo di guadagno per chi non ha a disposizione molto tempo libero. Infatti, puoi guadagnare da casa grazie ai motori di ricerca, che richiedono poco tempo da parte tua.

Come guadagnare con i motori di ricerca

Questa categoria di business permette di guadagnare sfruttando le normali ricerche attraverso una barra di ricerca o un sito dedicato. In pratica, se devi ricercare qualsiasi cosa per interessi personali, puoi farlo attraverso un sistema fornito dal promotore del servizio, e verrai pagato in base alle ore di utilizzo e altri parametri. È un'attività che sicuramente non consente guadagni altissimi, ma è una categoria che nei prossimi anni avrà un grande sviluppo. Ovviamente puoi utilizzare Google per guadagnare in diversi modi, ad esempio utilizzando il ptc, ovvero il pay to click. Ora ti starai chiedendo di cosa si tratta, e io vado subito a spiegarti tutto nel dettaglio.

Come guadagnare con il ptc
Nel web si sente sempre più spesso parlare di ptc (pay to click). I ptc sono quei siti internet che ti pagano per visualizzare pagine web per un tempo di 30 secondi circa. Le pagine che si possono visualizzare, il metodo di pagamento, il guadagno per ogni pagina visualizzata dai propri referral, cambia ovviamente da ptc a ptc. Di solito si tratta di siti in lingua inglese, ma non per questo si tratta di servizi inaffidabili.

Qui sotto riporto la descrizione e il link di alcuni ptc molto famosi. Si tratta dei servizi principali, quelli quindi che pagano regolarmente e non scompaiono nel nulla dopo qualche mese. Mi baso sulla mia esperienza personale e anche sui giudizi espressi da altre persone che hanno aderito a questi servizi, quindi diciamo che è un giudizio generale.

Le regole fondamentali per tutti i ptc sono queste:

- si può avere solo un account;

- non si possono avere referrals (ovvero altri account di persone amiche che hai fatto iscrivere che ti fanno guadagnare un tot ogni pagina che loro visitano), cioè non si possono creare più account per guadagnare ma si possono comprare i pacchetti referrals;

- non si possono visualizzare le pagine più volte in 24 ore (si blocca automaticamente, quindi non potrai farlo);

- si può acquistare un pacchetto "premium".

Di seguito le principali società che si occupano di ptc:

Bux.to: offre un ottimo servizio ptc, l'iscrizione è gratuita, e il payout è a 10 $. È in inglese, paga via AlertPay e si guadagna 0.01 $ per ogni click e visualizzazione di 30 secondi della pagina. Si possono comprare referrals che danno 0.01 $ per click. È molto affidabile, però paga dopo mesi e mesi se si è standard member (3 mesi o più di solito).

NeoBux.com: ottimo ptc in inglese, payout a 2 $, ma ci sono pochi link al giorno (di solito non più di quattro). Si guadagna 0.01 $ per click e visualizzazione di 30 secondi della pagina, e si possono acquistare referrals che danno 0.005 $. I pagamenti sono via Paypal, e si ricevono in pochissimo tempo (al massimo 2 giorni).

247Bux.com: è un sito ptc abbastanza affidabile, paga via Paypal, e il payout è di 1 $. Ci sono abbastanza pagine da visitare ogni giorno, ed è in lingua inglese. Si guadagna 0.01 $ per click e visualizzazione di 30 secondi dell'annuncio. Paga in massimo 8 giorni, e anche qui si possono comprare referrals.

Questa lista non è completa, ho riportato solo i siti che, secondo le notizie che ho raccolto e le mie esperienze, sono più affidabili. Le ptc non sono un grande business, questo si deve dirlo, ma è un business che chiunque può sfruttare, perché è davvero semplice.

SEGRETO n. 20: individuare le aziende più serie e affidabili e cercare di visitare più pagine possibili ogni giorno, ovviamente iscrivendosi a più ptc contemporaneamente.

G$$gle™

Guadagnare con i motori di ricerca è a mio parere semplice, ma non dimenticare mai che ogni cosa va svolta con impegno e lavoro, altrimenti i risultati non arriveranno mai. Ora che ti ho mostrato come guadagnare con i motori di ricerca, voglio mostrarti un altro metodo di guadagno, ottimo soprattutto perché non ha bisogno di nessun investimento: guadagnare con YouTube.

Come guadagnare con YouTube

Sapevi che YouTube è il secondo motore di ricerca al mondo più utilizzato? Questo fatto, di per sé interessante, lo è ancora di più per chi ricerca opportunità di guadagno online. È possibile guadagnare con YouTube semplicemente mettendo online dei video e prendendo una percentuale sulle pubblicità collegate al tuo video.

Avrai, infatti, notato che da tempo su alcuni video di YouTube appare della pubblicità. Bene, il ricavato di quegli annunci viene diviso tra Google, YouTube e l'autore del video. Accedere a questo programma che permette di guadagnare con i tuoi video non è una possibilità, almeno per ora, offerta a tutti.

Oltre al fatto che i video devono essere realizzati da te, e ovviamente non violare nessun copyright, c'è un altro e ben più consistente ostacolo da superare: i tuoi video devono essere visualizzati migliaia di volte dall'utenza del sito prima di poter essere accettati, quindi serve un contenuto originale e interessante. Considerati come il gestore di un teatro, dovrai preoccuparti di mettere in scena una rappresentazione in grado di attirare tanto pubblico, al fine di riempire la sala.

Diventare partner YouTube offre grandi vantaggi in quanto non ci sono obblighi o scadenze da rispettare, si possono inserire pubblicità sia nei video che nelle pagine del proprio canale, si può avere un canale ottimizzato con grafica personalizzata. In più grazie a YouTube hai la possibilità di avere più visibilità sul sito, tra le ricerche ecc. Inoltre, le entrate sono calcolate sia sui click che sulle visualizzazioni, con un fisso ogni 1000 views. Una cosa molto importante da sapere è che è possibile caricare video di durata superiore ai 15 minuti, quindi non sarai limitato nella creazione del tuo video.

SEGRETO n. 21: creare un video di una durata media, altrimenti risulterebbe troppo lungo da vedere, e inserire all'interno effetti speciali che colpiscano l'occhio del visitatore.

Ci sono, però, anche delle difficoltà, come ad esempio i contenuti. Infatti, i contenuti dei video devono essere obbligatoriamente originali al 100 per cento, e il tempo di approvazione dei video può richiedere anche 48 ore. Oltre a queste cose devi sapere che non sono disponibili statistiche delle entrate per ogni singolo video e il pagamento avviene solo al superamento di 100 dollari e dopo 2 mesi circa e non c'è alcun controllo sulle pubblicità da visualizzare.

Ma ora vediamo di capire quanto è possibile guadagnare con questo sistema. Quanto si può (mediamente) guadagnare su

YouTube se si viene inclusi nel programma di partnership? Bene, lo so che molti vorrebbero una risposta precisa a questa domanda, ma mi spiace, non è possibile darla. Già pensare di avere una risposta esauriente presuppone che non si sia capito affatto come funziona la pubblicità su internet, l'advertising cost per click, AdSense e così via.

Si può comunque provare a dare qualche cifra che abbia un senso, considerando la media dei guadagni di certi publishers (autori) e soprattutto, le testimonianze degli stessi. Proprio in base a queste testimonianze, commenti e rumors, vediamo innanzitutto come si viene retribuiti. Nonostante si parli del fatto che i ricavi derivanti dalla pubblicità nei video siano divisi al 50 per cento tra il partner e YouTube, questo non è sempre vero: diciamo che YouTube/Google si tiene un po' di più del 50 per cento.

È lo stesso identico discorso che vale per AdSense, utilizzato sui siti "testuali": non è mai chiaro quanto sia la percentuale di presa da Google, soprattutto non è sempre la stessa percentuale. Come sempre, la percentuale di click e il valore degli stessi varia molto dalla tipologia di video e di annunci contestuali serviti. Alcuni argomenti convertono molto e altri quasi nulla, inoltre non si hanno strumenti di controllo sulla tipologia di annunci serviti. Volendo dare qualche numero, alcuni publishers sostengono che si può raggiungere un guadagno ogni 1000 visualizzazioni che varia da 0,50 $ a 2 $, con dei cali significativi ad agosto (anche 0,20 $).

Ovviamente si tratta di valori medi che possono variare molto nelle diverse situazioni. Sembra che alcuni youtubers guadagnino non solo tramite i click sugli annunci AdSense, ma anche grazie a bonus che fornisce YouTube in base alla performance ottenuta. Esiste, inoltre, una classifica apparsa su *Business Insider* che riporta quelli che sarebbero i publisher su YouTube (iscritti al partner program) che hanno guadagnato di più nell'ultimo anno, in particolare quelli che hanno superato i 100.000 dollari.

Vediamo alcuni di questi che sono vere e proprie star del video streaming e che sono riusciti a fare tanti soldi grazie a una loro passione. Iniziamo dal decimo posto dove troviamo Natalie Tran che nel 2009 è riuscita a guadagnare con i suoi video 101.000 dollari.

Al nono posto c'è *The Young Turks* con 112.000 dollari, si tratta di un talk show che parla di politica. Segue all'ottavo posto *Smosh* con 113.000 dollari. È il canale di un duo comico che ha divertito qualcosa come 1.7 milioni di persone che li seguono con continuità su YouTube. Al settimo posto *Mediocre Films*, con 116.000 dollari. È un canale ideato da Greg Benson per parlare di film e serie tv. Al sesto posto si piazza Shay Carl con 140.000 dollari. Shay Carl è un dj radiofonico che su YouTube propone divertenti gag.

Eccoci a metà classifica con Fred, un ragazzo che usando la videocamera della madre ha aperto un canale di successo ed è diventato ricco, guadagnando solo nel 2009 ben 146.000 dollari.

Al quarto posto Ryan Higa con 151.000 dollari, un ragazzo giapponese che carica nel suo canale parodie su figure tipiche del suo paese, come i guerrieri ninja. Al terzo posto di chi ha fatto fortuna con YouTube c'è Philip DeFranco con 181.000 dollari. Ha ideato un omonimo show per il quale realizza mediamente due video a settimana.

Al secondo posto *The Annoying Orange* con 288.000 dollari. È una serie comica piuttosto nota anche in Italia. È ambientata prevalentemente in cucina e i protagonisti sono frutta e ortaggi. Eccoci al primo posto di questa particolare classifica che è stata redatta da *Business Insider*, si tratta di Shane Dawson, un ragazzo che gestisce tre canali YouTube di successo, in cui carica spesso video divertenti, come parodie di clip musicali. Nell'ultimo anno ha guadagnato grazie a YouTube la bellezza di 315.000 dollari. Per il momento non ci sono ancora italiani... perché non dovresti essere tu il primo?

Youtube offre molte possibilità di sviluppo in molti campi, il mio consiglio è quello di approfittare di questa opportunità. Grazie a YouTube puoi esprimere la tua creatività e passione e far conoscere a tutto il mondo il tuo talento. Per esempio, se hai talento nel campo della musica, puoi approfittare di YouTube per far conoscere a tutti la tua passione.

Come guadagnare con la musica

Internet ti offre grandi possibilità di guadagno se sei un artista, e in questo caso stiamo parlando di musica. Se sei un artista (o ti consideri tale), esistono dei portali che possono aiutarti ad avere successo. Uno di questi portali prende il nome di Jamendo. Jamendo è una piattaforma attraverso la quale gli artisti sconosciuti hanno la possibilità di caricare i loro lavori da qualsiasi parte del mondo. Su Jamendo gli artisti distribuiscono la loro musica sotto licenze "creative commons". Queste licenze ti permettono di scaricare, remixare e condividere la loro musica gratuitamente, e in modo del tutto libero.

Gli utenti di Jamendo hanno modo di scoprire e condividere gli album, ma anche di recensirli o di iniziare una discussione su di essi tramite i forum. Gli album sono democraticamente giudicati in base alle recensioni dei visitatori. Se a questi piace un determinato artista, possono supportarlo facendo una donazione. Se sei un artista e hai dei contenuti da condividere, puoi ricevere delle donazioni dagli utenti.

Altro fattore da non trascurare è che questi utenti sono una community ed esprimono valutazioni sugli album creando così un effetto promozionale davvero notevole. Il pagamento avviene tramite paypal, e il sito è tradotto in italiano.

I guadagni sono difficili da stimare in quanto dipendono in buona sostanza dalla qualità del prodotto offerto: della buona musica crea un effetto diretto in donazione e uno indiretto in promozione del marchio. I pagamenti da parte del portale sono comunque affidabili. Se quindi hai delle potenzialità artistiche, perché non provare? Potrebbe essere il tuo trampolino di lancio!

RIEPILOGO DEL CAPITOLO 6:

- SEGRETO n. 19: prima di vendere qualsiasi tipo di prodotto bisogna testarlo e usarlo personalmente. In questo modo il potenziale acquirente avrà la sicurezza della funzionalità del prodotto.

- SEGRETO n. 20: individuare le aziende più serie e affidabili e cercare di visitare più pagine possibili ogni giorno, ovviamente iscrivendosi a più ptc contemporaneamente.

- SEGRETO n. 21: creare un video di una durata media, altrimenti risulterebbe troppo lungo da vedere, e inserire all'interno effetti speciali che colpiscano l'occhio del visitatore.

CAPITOLO 7:

Come Guadagnare con Dhs club

Il Dhs club esiste da oltre sette anni circa ed è un gruppo di acquisto multilivello nato negli Stati Uniti. Attraverso i propri rappresentanti di marketing **vip**, ovvero vested income partners, il Dhs club contatta e fa accordi con le aziende (dettaglianti, grossisti, fornitori di servizi e produttori) di tutto il mondo, per promuovere i loro prodotti e servizi presso la base di associati. In cambio le aziende pagano al Dhs club una commissione/percentuale per ogni prodotto o servizio ordinato dai membri.

Di norma, almeno la metà delle commissioni pagate dalle aziende partner al Dhs club torna al membro che ha effettuato l'acquisto sotto forma di punti compenso (reward points). Questi punti compenso possono essere riscossi in denaro contante oppure come certificati regalo. La maggior parte della restante metà è destinata ai vip come commissione, secondo quanto previsto dal piano dei compensi per i soci vip. La rimanenza è trattenuta dal Dhs club per pagare il proprio personale e coprire i costi di gestione.

Per entrare a far parte dei membri vip, dovrai fare un abbonamento al "Club Advantage Business Building System". Per effettuare l'iscrizione fai click qui: www.newonlinebusiness.org. Ovviamente puoi entrare a far parte di questo gruppo anche senza diventare un membro vip, ma ti consiglio di effettuare l'abbonamento in modo da avere più vantaggi.

SEGRETO n. 22: diventa membro vip per avere vantaggi migliori e accumulare più punti compenso possibili.

Questo permette di agire in modo opposto ai tradizionali programmi di mlm: anziché offrire ai membri prodotti sovra prezzati affidando loro l'onere di rivenderli, il Dhs club offre ai propri membri degli sconti, risparmi e compensi, e tutto questo sugli abituali acquisti di tutti i giorni e nei migliori negozi online!

Come vip è possibile offrire iscrizioni gratuite a chiunque e quando qualcuno diventa membro del Dhs club, tutti ne traggono beneficio: il membro che hai referenziato risparmia denaro e guadagna reward points e tu guadagni soldi con le commissioni dirette. L'iscrizione al Dhs è assolutamente gratuita: tutti coloro che vogliono risparmiare e guadagnare davvero possono quindi farlo grazie al potere d'acquisto del gruppo, molto superiore al potere contrattuale del singolo consumatore.

In pratica Dhs ti permette di guadagnare, ma soprattutto ti permette di risparmiare molti soldi sui tuoi acquisti. Si tratta di un business affidabile. L'azienda che se ne occupa è seria e affermata, per questo mi sento di consigliartelo. Questo business è proficuo se intrapreso con serietà. Come ho già ripetuto più volte, devi impegnarti nel tuo lavoro.

Agli inizi di questo ebook ho accennato che ti avrei indicato i business migliori, quindi ora voglio parlarti di un business che sta occupando molto spazio in Italia, cioè la vendita dei domini .ws.

Come guadagnare con i domini .ws

Questo è un business particolare, che prevede la vendita di domini con suffisso .ws. È sempre più difficile trovare domini disponibili con suffissi tradizionali, ossia con il classico .it o .com, per questo stanno rapidamente nascendo nuovi suffissi per domini internet. L'azienda GDI permette quindi la rivendita di domini con suffisso .ws. Questa attività può portarti sicuramente lontano, ma non è un business facilissimo. Un dominio .ws è infatti mediamente più costoso di un normale dominio, per questo è più difficile da rivendere.

Inoltre, c'è da considerare che non si tratta di un suffisso così "bello da leggere". Diciamo che ancora non è ben visto, forse perché le persone si devono ancora abituare, soprattutto a scriverlo. I domini con suffisso .ws sono davvero pochissimi oggi, quindi il mercato è ancora apertissimo. Si tratta di un business che può risultare molto profittevole, soprattutto in un futuro molto vicino, avvicinandosi appunto velocemente alla saturazione dei .it e dei .com. È un business che ti consiglio, ma dovrai cercare di creare una buona rete di vendita, magari ampliandola in paesi esteri, meglio se negli U.S.A.

SEGRETO n. 23: creare una buona rete di vendita e non soffermarsi in Italia, ma ampliarla al meglio negli Stati Uniti d'America.

Ti ricordo che la società che si occupa della rivendita dei domini .ws prende il nome di GDI.

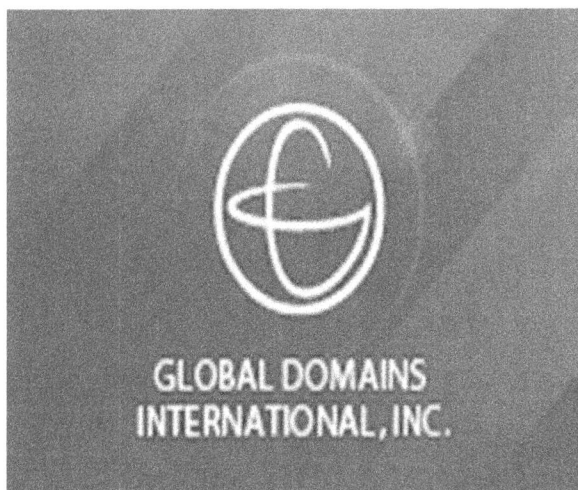

Avrai compreso che il guadagno può essere davvero elevato con questo tipo di attività, ma la cosa che reputo davvero importante è il fatto che lavorerai liberamente da casa tua, sarai tu il capo di stesso e questo è molto importante. Lavorare per se stessi è una delle cose più gratificanti che possano esistere, te lo posso assicurare personalmente. Grazie a internet puoi fare delle tue passioni il tuo lavoro. Infatti, puoi lavorare anche come freelance. Ora ti chiederai: «In cosa consiste?» Ti vado subito a spiegare nel dettaglio questo tipo di business.

Come guadagnare come freelance

Uno dei migliori metodi di guadagno online è diventare freelance. In rete ci sono molti siti internet che si propongono di far da tramite tra richieste e offerte di lavori come freelance. Chi ha conoscenze pratiche di programmazione, php, c#, c++, java, per chi lavora nella grafica e come web designer, per chi vuole lavorare come amministratore di database o come amministratore di sistema, come ottimizzatore seo, nella promozione dei siti web, come traduttore, allora non può fare a meno dei siti che si occupano dei freelance.

Si tratta di veri e propri portali che permettono la pubblicazione di lavori. Puoi trovare lavori pagati poche decine di dollari, fino ad arrivare a lavori da migliaia di dollari. Ovviamente per poter lavorare come freelance dovrai avere una certa competenza, dovrai essere bravo a fare qualcosa tra le attività che ho poco sopra menzionato.

Potrai iscriverti gratuitamente a uno di questi siti, e concorrere all'assegnazione dei lavori che di giorno in giorno vengono proposti. Si tratta sicuramente di un'ottima opportunità di guadagno online, che ti dà la possibilità di dimostrare le tue competenze. Stiamo parlando di una buona opportunità sia per chi è disoccupato ed è in attesa di un lavoro, sia per chi già lavora e vuole arrotondare lo stipendio, ma soprattutto è una occasione per chi vuole intraprendere una carriera da professionista.

Immagina di essere un grafico o un programmatore seo che vuole iniziare la propria attività. Grazie a questi siti puoi ottenere lavori da inserire nel curriculum vitae, oppure puoi creare una pagina web in cui inserire il portfolio personale che sarà un biglietto da visita sia per ulteriori lavori nei siti per freelance, sia per future collaborazioni dirette con aziende. In questi portali puoi trovare veramente lavori di tutti i tipi. Se utilizzi internet e il pc da un po' di tempo, avrai sicuramente qualche abilità particolare da poter sfruttare.

SEGRETO n. 24: crea un sito web inserendo i tuoi lavori, in questo modo aumenterai la possibilità di essere scelto per svolgere quel preciso lavoro.

Ci sono progetti che richiedono la creazione e gestione di campagne ppc (pay per click), c'è chi cerca grafica per siti internet; insomma, potrai trovare lavori e progetti di tutti i tipi, impossibile non trovare qualcosa adatto a te. Di seguito una piccola lista di portali che si occupano della raccolta di progetti e lavori per freelance:

- www.freelancer.com;
- www.twago.com;
- www.odesk.com;
- www.jobstock.it;
- www.neolancer.it.

In questi portali troverai numerosissime offerte di lavoro come webmaster, web designer, blogger, web marketer, esperti di database o articolisti per i più svariati argomenti, sia se cerchi o offri servizi di traduzione o di sviluppo software o di grafico freelance. L'ultimo portale, NeoLancer, è un portale completamente in lingua italiana e si rivolge esclusivamente al mercato italiano. Pur essendo nato da poco, ha già alcune offerte di collaborazione interessanti.

In conclusione, i siti per freelance sono una tappa, a mio parere, indispensabile per chi vuole lavorare da casa mettendo in pratica le proprie competenze tecniche, e possono risultare utilissimi per chi ha delle idee per **guadagnare su internet** ma manca delle conoscenze tecniche o del tempo per realizzarle.

RIEPILOGO DEL CAPITOLO 7:

- SEGRETO n. 22: diventa membro vip per avere vantaggi migliori e accumulare più punti compenso possibili.

- SEGRETO n. 23: creare una buona rete di vendita e non soffermarsi in Italia, ma ampliarla al meglio negli Stati Uniti d'America.

- SEGRETO n. 24: crea un sito web inserendo i tuoi lavori, in questo modo aumenterai la possibilità di essere scelto per svolgere quel preciso lavoro.

Conclusione

Siamo giunti alla conclusione dell'ebook, spero tu non sia rimasto deluso. Ho voluto mettere a disposizione di tutti la pura e cruda verità sul guadagno online. Di attività in rete se ne possono fare davvero tante, io ho parlato delle principali, di quelle più gettonate. Ho parlato solo dei business che ho personalmente testato per un certo periodo di tempo, e di business che tutt'oggi occupano le mie giornate.

In rete puoi leggere opinioni spesso falsate, questo perché nei forum e nei blog possono scrivere e intervenire persone che hanno interessi nei confronti di certe attività. Possono intervenire amministratori o affiliati di certe società che hanno interessi nel diffondere opinioni positive per certi business. Non fidarti di quello che leggi nei forum, perché solo l'1 per cento la corrisponde alla realtà.

Questo accade anche in caso di opportunità di guadagno

validissime. Puoi trovare opinioni negative per business che magari hanno delle basi valide e possono risultare vincenti. Perché trovi opinioni negative per business che funzionano? Semplicemente perché un business vincente toglie mercato a un altro business. Stiamo parlando di concorrenza e parlar male della concorrenza purtroppo ancora paga, proprio perché molte persone si informano prima di intraprendere un certo tipo di attività.

Informandosi in giro per il web si può trovare di tutto, ma per lo più si tratta di informazioni fuorvianti. Il mio consiglio? Usa questo ebook come una sorta di Bibbia. Deve essere per te una guida completa, che ti mostri quali business online possono portarti davvero lontano e quali invece è bene evitare come la peste. Ovviamente i risultati saranno possibili **solo** ed esclusivamente se metterai impegno e determinazione in questo progetto e **solo** se seguirai le giuste strategie.

A questo punto non mi resta che ringraziarti per tutto il tempo che hai dedicato alla lettura di questo ebook. Sono sicura che il tempo e il denaro che hai investito in questo progetto sarà molto presto ripagato.

Un caro saluto e tantissimi auguri di buon guadagno online.

Sara Iannone

www.ingramcontent.com/pod-product-compliance
Lightning Source LLC
Chambersburg PA
CBHW071556200326
41519CB00021BB/6783